W0011682

Wählen und Verdienen

Fröhliche Wissenschaft 239

Judith N. Shklar

Wählen und Verdienen

Über amerikanische Staatsbürgerschaft
und das Streben nach Inklusion

Aus dem Amerikanischen übersetzt
von Hannes Bajohr

Matthes & Seitz Berlin

Für Michael Walzer

Inhalt

Einleitung

Es gibt keinen für die Politik zentraleren Gedanken als den der Staatsbürgerschaft und keinen, der in der Geschichte unbeständiger oder in der Theorie umstrittener gewesen wäre. In Amerika ist Staatsbürgerschaft im Prinzip immer demokratisch gewesen – aber eben nur im Prinzip. Von Beginn an wurden die radikalsten Forderungen nach Freiheit und politischer Gleichheit als Kontrapunkt gegen die Besitzsklaverei artikuliert, jene extremste Form von Knechtschaft, deren Nachwirkungen uns bis heute verfolgen. Die Gleichheit politischer Rechte, dieses erste Merkmal amerikanischer Staatsbürgerschaft, wurde in der gebilligten Gegenwart ihrer absoluten Verweigerung verkündet. Ihr zweites Kennzeichen, die offene Ablehnung von Erbprivilegien, war in der Praxis aus demselben Grund nicht weniger schwer zu erlangen: Sklaverei ist ein ererbter Zustand. In den vorliegenden Essays will ich versuchen, und sei es in aller Kürze, die weitreichenden Auswirkungen darzulegen, die nicht nur die Institution der schwarzen Besitzsklaverei, sondern Knechtschaft als integraler Bestandteil einer modernen, repräsentativen, dem »Glück der Freiheit«[1] geweihten Volksdemokratie auf die Art gehabt hat, wie Amerikaner Staatsbürgerschaft betrachten.

Die Würde der Arbeit und der persönlichen Leistung sowie die Verachtung alles aristokratischen Müßiggangs haben seit Kolonialzeiten in wesentlichen Teilen das Selbstverständnis amerikanischer Staatsbürgerschaft ausgemacht. Die Möglichkeit, eine Arbeit auszuüben und für seine Tätigkeit einen verdienten Lohn zu erhalten, war ein gesellschaftliches Recht, weil Arbeit eine der wichtigsten Quellen öffentlichen Respekts darstellte. Diese Möglichkeit wurde allerdings nicht nur deshalb als Recht betrachtet, weil sie kulturell und moralisch von der korrumpierten europäischen Vergangenheit abwich, sondern auch, weil die bezahlte Arbeit den Freien vom Sklaven unterschied. Der gesteigerte Wert politischer Rechte ermaß sich aus demselben Grund. Schon immer war der Stimmzettel Ausweis vollgültiger Mitgliedschaft in der Gesellschaft und seinen Wert bezieht er zuallererst aus seiner Fähigkeit, ein Minimum an gesellschaftlicher Würde zu gewährleisten.

Unter diesen Maßgaben betrachtet war Staatsbürgerschaft in Amerika zu keinem Zeitpunkt nur eine Frage von Handlungsfähigkeit und Ermächtigung, sondern auch von gesell-

schaftlicher Stellung.[2] Ich vermeide das Wort
›Status‹, weil es eine abwertende Bedeutung angenommen hat; stattdessen werde ich von der
Stellung von Bürgern sprechen. Zwar ist ›Stellung‹ ein diffuser Begriff, in dem die Bedeutung
mitschwingt, eine Stelle in einer hierarchischen
Gesellschaft einzunehmen, aber den meisten
Amerikanern scheint es hinreichend klar zu sein,
was damit gemeint ist. Ihre relative gesellschaftliche Position, bestimmt durch Einkommen,
Beruf und Bildung, ist für sie von einiger Wichtigkeit. Sie wissen auch, dass die Sorge um ihre
gesellschaftliche Stellung nicht völlig mit ihrem
ausdrücklichen Bekenntnis zu einer demokratischen Gesellschaftsordnung in Einklang zu
bringen ist. Oft neigen sie dazu, diesem Konflikt
zwischen Verhalten und Ideologie damit beizu-
kommen, dass sie sich versichern, es gebe heute
in der Tat weniger Exklusion und Statusbewusst-
sein als in der Vergangenheit.[3] Es stimmt aber:
Stellung, verstanden als der Platz in einer der
oberen oder unteren sozialen Schichten, und die
egalitäre Forderung nach ›Respekt‹ sind nicht
leicht miteinander zu vereinbaren. Die Behauptung, Bürger einer Demokratie hätten ein Recht
auf Respekt, solange sie es nicht durch eigenes
inakzeptables Verhalten verwirken, ist keine
Trivialität. Im Gegenteil, sie ist eine tiefgehegte
Überzeugung, und um zu verstehen, wie wichtig
sie seit jeher gewesen ist, muss man jene Ame-

rikaner anhören, die ohne eigenes Verschulden dieses Rechts beraubt worden sind.

Die Wichtigkeit der beiden großen Wahrzeichen öffentlicher Stellung – das Wahlrecht und die Möglichkeit, sich einen Lebensunterhalt zu erwerben – ist besonders den Ausgeschlossenen bewusst. Sie sehen Wählen und Verdienen nicht nur als Möglichkeiten an, ihre Interessen zu vertreten und zu Geld zu kommen, sondern als die Kennzeichen des amerikanischen Staatsbürgers schlechthin. Und Menschen, denen dieser Ausweis staatsbürgerlicher Würde nicht zugestanden wird, fühlen sich nicht allein machtlos und arm, sondern vielmehr entehrt. Von ihren Mitbürgern werden sie zudem verachtet. Der Kampf um Staatsbürgerschaft war in Amerika daher überwiegend eine Forderung nach Inklusion in das politische Gemeinwesen – kein Streben nach staatsbürgerlicher Partizipation als zutiefst erfüllender Tätigkeit, sondern der Versuch, jene Schranken einzureißen, die Anerkennung verhindern und für Exklusion sorgen.

Ich habe nicht vor zu behaupten, Stellung sei die einzige Bedeutung, die der Idee der Staatsbürgerschaft in der amerikanischen Geschichte zugekommen ist. Ganz im Gegenteil. Das Wort ›Staatsbürgerschaft‹ hat mindestens vier klar getrennte, aber verwandte Bedeutungen, und was ich Stellung genannt habe, ist nur eine davon. Drei gleich wichtige Bedeutungen sind Staatsbürgerschaft als Nationalität, als aktive Partizipation (auch ›gute‹ Staatsbürgerschaft genannt) und schließlich die Idee idealer republikanischer Staatsbürgerschaft. Diese anderen Arten, Staatsbürgerschaft zu betrachten, sind so wichtig, dass ich sichergehen möchte, nicht den Eindruck zu erwecken, sie ignoriert oder vernachlässigt zu haben.

In jedem modernen Staat und besonders in einer Einwanderungsgesellschaft muss Staatsbürgerschaft immer etwas mit Nationalität zu tun haben. Staatsbürgerschaft als Nationalität ist die sowohl innerstaatliche als auch internationale rechtliche Anerkennung, dass eine Person Mitglied eines Staates ist, ganz gleich, ob sie dort geboren oder ob sie eingebürgert wurde. Eine solche Staatsbürgerschaft ist keineswegs trivial. Staatenlos zu sein ist eines der fürchterlichsten politischen Schicksale, das einen in der modernen Welt ereilen kann. Und besonders der Besitz eines amerikanischen Passes wird zutiefst geschätzt, zumal von naturalisierten Bürgern. Es gibt in der Tat nur wenige amerikanische Neubürger, die ihre Einbürgerungsunterlagen nicht aufgehoben hätten.

Amerikanische Staatsbürgerschaft als Nationalität hat ihre eigene Geschichte der Exklusionen und Inklusionen, und in ihr haben Fremdenhass, Rassismus, religiöse Borniertheit und die Furcht vor ausländischen Verschwörungen eine Rolle gespielt. In den Jahren vor dem Amerikanischen Bürgerkrieg hing die staatsbürgerliche Position von in den USA lebenden Ausländern darüber hinaus von den widerstreitenden Interessen der einzelnen Staaten und der Bundesregierung ab. Ihre Geschichte ist daher äußerst verwickelt gewesen. So benötigten etwa die Staaten des Mittleren Westens zu einem gewissen Zeitpunkt derart dringend Arbeitskräfte, dass sie ausländischen weißen Männern sofort das Wahlrecht anboten, sobald sie die Absicht äußerten, später einmal Bürger dieses Staates zu werden. Zur selben Zeit dachten die Bürger von New England über Mittel und Wege nach, ihre irischen Nachbarn von der Erlangung der vollgültigen Staatsbürgerschaft auszuschließen.[4] Die Geschichte der Einwanderungs- und Einbürgerungspolitik soll allerdings nicht mein Thema sein. Sie hat ihre eigenen Höhen und Tiefen, aber wovon sie erzählt, ist etwas anderes als hier geborenen Amerikanern die Staatsbürgerschaft zu verweigern. Die Geschichte dieser beiden Phänomene weist Parallelen auf, weil es in beiden um Inklusion und Exklusion geht – es besteht jedoch ein gewaltiger Unterschied zwischen diskriminierenden Einwanderungsgesetzen und der Versklavung ganzer Volksschichten.

Staatsbürgerschaft als Nationalität ist ein rechtlicher Zustand und bezieht sich nicht auf eine bestimmte politische Tätigkeit. Gute Staatsbürgerschaft dagegen, verstanden als politische Partizipation, hebt auf politische Praktiken ab und betrifft die Menschen einer Gemeinschaft, die sich konsequent und dauerhaft mit öffentlichen Belangen beschäftigen. Der gute demokratische Bürger ist ein politischer Akteur, der regelmäßig an Politik auf lokaler und nationaler Ebene teilhat – nicht nur bei den Vorwahlen und am Wahltag selbst. Aktive Staatsbürger halten sich auf dem Laufenden und erheben ihre Stimme gegen öffentliche Maßnahmen, die sie für ungerecht, unklug oder schlicht zu teuer halten. Ebenso unterstützen sie offen politische Maßnahmen, die ihnen gerecht und klug erscheinen. Auch wenn sie nicht aufhören, ihren eigenen und den Interessen ihrer Bezugsgruppe nachzugehen, versuchen sie die Ansprüche anderer unparteilich abzuwägen und hören ihre Argumente gewissenhaft an. Sie gehen zu öffentlichen Versammlungen und sind Teil freiwilliger Vereinigungen. Sie diskutieren und beraten mit Anderen über die politischen Entscheidungen, die sie alle beeinträchtigen, und dienen ihrem Land nicht nur als Steuerzahler und gelegentlich als Soldaten, sondern haben eine wohlüberlegte Vorstellung vom öffentlichen Wohl, das ihnen wirklich am Herzen liegt. Der gute Bürger ist ein Patriot.

Eine solche aktive Staatsbürgerschaft wirft nicht selten ihre Schatten auf die angrenzende

Privatsphäre. Die Formel vom ›guten Staatsbürger‹ wird heutzutage gemeinhin gebraucht,
um Menschen zu bezeichnen, die sich bei ihrer
Arbeit und in ihrer unmittelbaren Nachbarschaft
korrekt verhalten. *Whistle-blowing* zu betreiben,
das nicht nur korrupte Staatsbeamte bloßstellt,
sondern sich auch gegen das Management von
Firmen richtet, oder auch nur den Ungerechtigkeiten des täglichen Lebens gegenüber hellhörig
zu sein, wird normalerweise als Akt guter Staatsbürgerschaft bezeichnet. Universitätsfakultäten
sprechen beispielsweise regelmäßig von einigen
ihrer Mitglieder als gute Staatsbürger, womit
gemeint ist, dass sie ihr Scherflein an Aufgaben
übernehmen – etwa, in lästigen Komitees zu
sitzen, Grundkurse zu unterrichten und zu
Meetings zu gehen –, statt einfach das zu tun,
was oft ›ihre eigene Arbeit‹ genannt wird. Das
Gleiche sagt man von Menschen, die das Beste
für ihre unmittelbare Umgebung tun, indem
sie sich etwa solcher Tätigkeiten annehmen
wie den örtlichen Kinderspielplatz sicher und
sauber zu halten, zu Elternabenden zu gehen
und im Winter den Schnee von ihrem Gehweg
zu schaufeln. Sie alle sind in der Tat, was wir
anständige Leute nennen könnten, weil sie ein
Gefühl der Verpflichtung der gesellschaftlichen
Umwelt gegenüber besitzen, die sie unmittelbar
mit ihren Nachbarn und Kollegen teilen. Das ist
eine Bedeutung des Wortes ›Staatsbürgerschaft‹,

die keine Implikationen für konkrete Politik besitzt, sondern einen verinnerlichten Teil einer demokratischen Ordnung meint, die sich auf die Selbststeuerung und die Verantwortung ihrer Bürger verlässt, statt auf ihren bloßen Gehorsam. Ob in der Öffentlichkeit oder im Privaten: Der gute Staatsbürger handelt, um demokratische Gewohnheiten und die verfassungsmäßige Ordnung aufrechtzuerhalten.

Ein guter Staatsbürger zu sein, sollte man nicht mit dem verwechseln, was man für gewöhnlich als moralisches Gutsein bezeichnet. Seit Aristoteles wissen wir, dass ein guter Bürger nicht dasselbe ist wie ein guter Mensch.[5] Gute Bürger erfüllen die Forderungen ihres Gemeinwesens und als Bürger sind sie weder besser noch schlechter als die Gesetze, die sie entwerfen und denen sie gehorchen. Sie unterstützen das öffentliche Wohl und sein fundamentales Ethos, so wie es in ihrer Verfassung festgelegt ist. Die gute Person und der gute Bürger wären nur in einem vollkommenen Staat identisch – und selbst dann nur, wenn man meinte, dass bürgerliche Tugend und die mannhafte Redlichkeit, die in diesem Begriff mitschwingt, den besten aller menschlichen Charaktere ausmachten. Von dieser Ausnahme abgesehen liegen Spannungen zwischen persönlicher Moral und Staatsbürgerschaft stets im Bereich des Möglichen und sind, mehr noch, sehr wahrscheinlich. Freilich gibt es derart fürchterliche Regime, dass in ihnen gute Menschen keine andere Wahl haben als zu schlechten Staatsbürgern zu werden. Um Amerika stand es allerdings nie so schlimm – es war nur eine halbe Despotie, teils frei, teils versklavt. Die Amerikaner, die unter einer die Sklaverei billigenden Verfassung ihren staatsbürgerlichen Pflichten nachkamen, waren sicherlich keine schlechten Bürger; sie erfüllten lediglich die Anforderungen ihrer halbfreien Gesellschaft. Das galt sowohl für die ernsthaften und konsequenten Abolitionisten als auch für jene, die wie Lincoln der Überzeugung gemäß handelten, dass die Abschaffung der Sklaverei sehr lang dauern würde, und die nicht geneigt waren, um einer Bevölkerungsschicht willen, die sie für minderwertig hielten, einen Krieg zu riskieren, auch wenn sie für das Bestehen der Union kämpfen würden. Weder waren sie noch sind wir vollkommene Staatsbürger oder gute Menschen. Allerdings gilt für viele Amerikaner, dass sie hinreichend gute Bürger einer Republik waren und sind, so, wie sie war, ist und sein könnte.

Historisch betrachtet bestand das Problem nicht darin, dass die Amerikaner behauptet hätten, es bedürfe moralischer Güte, um ein Staatsbürger zu sein. Ganz im Gegenteil wurde zumal Frauen nachgesagt, sehr viel häufiger als Männer gut, aber als Staatsbürger ungeeignet zu sein. Der Unterschied zwischen dem guten Menschen und dem guten Bürger wurde also in dieser Hinsicht von Anfang an verstanden. Es sind ökonomische Abhängigkeit, Rassenzugehörigkeit[6] und Geschlecht, die eine Gruppe oder ein Individuum für die Staatsbürgerschaft untauglich sein lassen, und all dies sind gesellschaftlich geschaffene oder erbliche Eigenschaften. Derartige Regeln implizieren ein System, das in keiner Weise demokratisch oder liberal ist, aber so einfach war die Sache nie. Für den größten Teil ihrer Geschichte haben die Amerikaner nämlich mit den äußersten Widersprüchen gelebt, indem sie sich sowohl der politischen Gleichheit als auch deren völliger Ablehnung verpflichtet fühlten.

Diese Haltungen der Staatsbürgerschaft gegenüber sind offensichtlich sehr tief in der institutionellen und ideologischen Struktur der Vereinigten Staaten verankert gewesen und haben inmitten all der Veränderungen unseres Jahrhunderts ihre Spuren hinterlassen. Und tatsächlich kann Staatsbürgerschaft nicht unter Absehung ihrer politischen Hintergründe diskutiert werden – nicht nur Aristoteles' Unterscheidung zwischen guten Menschen und guten Bürgern wegen, sondern auch aufgrund seiner gleichermaßen relevanten Beobachtung, dass Staatsbürgerschaft sehr viel veränderlicher ist als der physische Charakter einer Person oder Gruppe und sich von ihnen auch grundsätzlich unterscheidet.[7] So kann etwa ein oligarchischer Staatsstreich die Bürger einer Demokratie zu völlig anderen politischen Wesen machen. Trotz aller nationalistischer Rhetorik wird die Staatsbürgerschaft nicht von einem Nationalcharakter bestimmt, was immer das auch sein soll. Die Bürger der dritten, vierten und fünften Französischen Republik waren ganz und gar nicht so wie die Bürger des Vichy-Regimes, auch wenn sie physisch dieselben Franzosen waren, und die Geschichte der deutschen Staatsbürgerschaft in diesem Jahrhundert muss nicht einmal erwähnt werden, um diese Tatsache zu erkennen. Wichtiger ist hier, dass die amerikanische Staatsbürgerschaft sich ebenfalls gewandelt hat im Laufe konstitutioneller, demografischer und internationaler Veränderungen, unter denen Verstaatlichung und die Ausweitung von Regierungsfunktionen sowie verschiedene Verfassungszusätze nur die offensichtlichsten und grundlegendsten sind.

Sollten die vorliegenden Essays einen polemischen Zweck verfolgen, dann nicht lediglich den, sich denjenigen Intellektuellen anzuschließen, die mit einiger Verspätung die Rolle der Sklaverei in unserer Geschichte erkannt haben. So wichtig es ist, unsere Vergangenheit neu zu denken, so kommt es mir doch auch darauf an, die politische Theorie daran zu erinnern, dass Staatsbürgerschaft kein Begriff ist, der irgend-

wie sinnvoll in einem als leer und statisch vor-
gestellten gesellschaftlichen Raum zu diskutieren wäre. Welche ideologische Befriedigung auch
damit verbunden sein mag, das Andenken an
eine ursprüngliche und reine Bürgerschaft her-
aufzubeschwören – sie kann nicht überzeugen
und ist, wenn sie die Geschichte und die aktuel-
len Realitäten unserer politischen Institutionen
ignoriert, am Ende nur eine wenig interessante
Flucht vor der Politik. Staatsbürgerschaft hat
sich über die Jahre gewandelt und Politiktheore-
tiker, die über das Beste hinwegsehen, was Politikwissenschaft und Geschichtsschreibung heute
hervorzubringen haben, können nicht erwarten,
sonderlich Bedeutsames zu unserem politischen
Selbstverständnis beizutragen.[8] Sie sind der
dauernden Gefahr ausgesetzt, über nichts anderes als ihr eigenes Unbehagen zu theoretisieren,
das sie in einer Gesellschaft befällt, die zu verstehen sie sich nur wenig Mühe geben. Weder
die Gutachten des Obersten Gerichtshofes, die
zuweilen unseren öffentlichen Debatten Form
geben, noch die Schriften anderer Philosophen,
so angesehen sie auch sein mögen, können ein
historisch und politisch wirklich sachkundiges
Verständnis dessen ersetzen, was Staatsbürgerschaft in Amerika in der Vergangenheit war und
was sie heute ist.[9]

Die Vorstellung, dass die amerikanische
Staatsbürgerschaft keinen Wandlungen unter-

worfen gewesen wäre, hat seltsame Gründe. Es ist gut möglich, dass wir, weil sich die Grundinstitutionen Amerikas seit 1787 so wenig verändert haben,[10] nicht selten in einer Weise über Staatsbürgerschaft reden, als habe sie seitdem in einem Zustand institutioneller Tiefkühlung fortexistiert. Man nimmt ihrer formalen Kontinuität wegen auch die unveränderte Beständigkeit der politischen Struktur an; das glauben sogar jene, die sich der Bedeutsamkeit der Verfassungszusätze bewusst sind, die dem Bürgerkrieg folgten. Darüber hinaus ist die Langlebigkeit jener Ideologie, die den gänzlich angemessenen Titel *American dream* trägt, ein wahrhaft außergewöhnliches Phänomen.[11] Seine Wurzeln liegen weit in der Vergangenheit, in den ersten Jahrzehnten des neunzehnten Jahrhunderts, und ich möchte sie in diesen Essays ergründen. Allerdings rechtfertigt die Widerstandsfähigkeit, die den Großteil der ursprünglichen Verfassung und den Glauben an ihre Versprechungen auszeichnet, keineswegs die Annahme, dass die amerikanische Staatsbürgerschaft seit dem achtzehnten Jahrhundert wesentlich unverändert geblieben wäre. Wohl mögen auch wir in der Ahnenverehrung die Beständigkeit von Autorität und eine befriedigende Stütze der Tradition finden, so wie es die alten Römer taten.[12] Nichts aber hätte die tatsächlichen Gründer der Republik mehr gekränkt. Jede Seite der *Federa-*

list Papers ist ein Aufruf an das amerikanische Volk, sein Schicksal selbst in die Hand zu nehmen und sich seine Institutionen nach Maßgabe der besten Politikwissenschaft der Gegenwart zu gestalten, statt zaghaft in die Vergangenheit zu blicken. Genau dies ist auch die Aufgabe der guten Bürger von heute.

Neben Nationalität und guter Staatsbürgerschaft gab es immer auch eine weitere Vorstellung des idealen Bürgers, der besonders jene anhingen, die sich Träumen eines mythischen Athens oder Spartas hinzugeben geneigt waren. Ganz normale aktive oder gute Bürger sind sicher nicht ideal oder vollkommen. Sie versuchen lediglich, den anerkannten Erfordernissen einer repräsentativen Demokratie gerecht zu werden. Ideale republikanische Patrioten sind da ganz anders. Sie haben keine ernsthaften Interessen außer ihrem öffentlichen Engagement; sie leben auf dem und für das Forum. Diese vollendeten Bürger werden gelegentlich für gesünder und erfüllter gehalten als solche, die der Politik gleichgültig gegenüberstehen. Für eine solche Behauptung gibt es freilich wenig medizinische Beweise. Es mag viele Menschen geben, denen ununterbrochene politische Aktivität gerade nicht guttut. Entscheidender aber ist, dass seit der Jahrhundertwende argumentiert wird, das beste Mittel gegen die Fehler des demokratischen Regierungssystems sei mehr, nicht weniger Demokratie. Die stetige Bewegung in Richtung direkterer Demokratie durch Referenden, Abberufungswahlen und Initiativen hat sich auf diese Annahme gestützt; die Resultate sind alles andere als eindeutig.[13] Diese Möglichkeiten politischer Artikulation haben die Fürsprecher einer wirklich partizipativen Demokratie nicht sonderlich beeindruckt, denn sie sind immer noch Arten, über Maßnahmen abzustimmen, ohne dass man von deliberativer Beteiligung sehr viel mitbekäme.

In der idealen Republik wäre der tugendhafte Bürger andauernd und direkt am Regieren und Regiertwerden beteiligt. Was mit ›Tugend‹ gemeint ist, ist jedoch alles andere als eindeutig. Es bezeichnet wohl aber ein Verhalten, das über das hinausgeht, was der lediglich aktive Bürger heute an den Tag legt. In jedem Fall verfolgen vollkommene Bürger das öffentliche Gut mit entschlossener Hingabe und das geschieht eher in einer direkten als einer repräsentativen Demokratie. Sie sind natürlich die Mitglieder einer Republik, die ganz anders geartet ist als die Vereinigten Staaten es heute sind, je waren oder in aller vorstellbaren Zukunft sein werden. Ihre Funktion ist die einer kritischen Reflexion über unvollkommene Demokratie und den Mangel an Eifer, mit dem die meisten von uns dem öffentlichen Leben begegnen. Man darf bezweifeln, dass sie darin sonderlich erfolgreich sind.

Die großen Klassiker der politischen Theorie der Neuzeit sind Aristoteles sicherlich darin gefolgt zu betonen, dass die Verfassung, und kein ideales Individuum, gute Staatsbürgerschaft definiert. Selbst Rousseau, der Erfinder des modernen Modells vom vollkommenen Staatsbürger in der idealen demokratischen Republik, verstand das nur zu gut. Montesquieu hatte ihn, wie viele amerikanische Leser, ausgezeichnet unterrichtet. Sie wussten alle, dass die guten Staatsbürger ihrer ausgedehnten modernen Republiken nicht wie die tugendhaften Römer sein würden, die über keinerlei persönliche Identität verfügten, außer der Tatsache, Bürger zu sein. Gute Staatsbürgerschaft lässt sich einfach nicht von der Art der Gesellschaft trennen, in der sie wirkt. Der Ruf nach vollkommener republikanischer Tugend überzeugt nur, wenn er ganz in den Kontext einer vollkommenen Demokratie gestellt wird, die sich vom Modell der modernen repräsentativen Republik radikal unterscheidet.[14] Es gibt wenig Hinweise darauf, die nahelegten, dass viele Amerikaner einer derart transformativen Politik mit Interesse oder gar Enthusiasmus begegnen würden. Das Paradox einer idealen demokratischen Staatsbürgerschaft, die auf die Bürger, denen sie eigentlich dienen sollte, keine Anziehungskraft auszuüben vermag, ist nicht ohne Ironie.

Weder die Verteidigung noch die Reform der gegenwärtigen amerikanischen Staatsbürgerschaft hat vom utopischen Republikanismus oder von nostalgischen Beschwörungen – sei es der Antiföderalisten, sei es ihrer siegreichen Gegner – viel zu erwarten. Der gute Staatsbürger ihrer Zeit ist für uns nicht länger ein Vorbild. Weder sind wir jetzt, noch waren wir je die Einwohner dünn besiedelter, landwirtschaftlich geprägter, homogener kleiner Staaten, die lediglich die Antiföderalisten und auch sie nur mit viel Fantasie je mit einer antiken Polis hätten vergleichen können.[15] Und unsere Politik pluralistischer ethnischer Gruppen und Interessenverbände gleicht keineswegs jener, für die Madison stand, als er die *federal ratio* und Fraktionen sanktionierte.[16] Solche andauernden Sprünge vom Anfang in die Gegenwart haben den offensichtlichen Effekt, unsere tatsächliche Situation zu verzerren und uns einen falschen Eindruck von Gleichheit und sogar geistiger Leere zu vermitteln.[17]

Amerika ist keinen schnurgeraden liberalen Pfad hinabmarschiert, wie es sowohl die Kritiker als auch die Apologeten seines politischen Lebens verzweifelt oder voller Selbstgefälligkeit behauptet haben.[18] Ungebrochen war einzig die Reihe von Konflikten, die einer beständigen antiliberalen Disposition entsprang. Sie konnte sich regelmäßig und oft mit übergroßem Erfolg gegen das Versprechen gleicher politischer Rechte behaupten, das in der Unabhängigkeitserklärung und in den nach dem Bürgerkrieg aufgenommenen drei Zusatzartikeln zur Verfassung ausgesprochen war. Weil Sklaverei, Rassismus, Nativismus und Sexismus – oft in ausschließenden und diskriminierenden Gesetzen und Praktiken institutionalisiert – gegen die offiziell akzeptierten Ansprüche einer gleichen Staatsbürgerschaft in Anschlag gebracht worden sind und noch immer werden, ist in der verworrenen Entwicklung der amerikanischen Vorstellungen von Staatsbürgerschaft ein echtes Muster zu erkennen. Wenn hier irgendetwas von Dauer ist, dann die Existenz widerstreitender Ansprüche, und diesen sind die folgenden Essays gewidmet.

Indem ich mich auf Staatsbürgerschaft als Stellung konzentriere, verkenne ich weder die Wichtigkeit von Nationalität, noch habe ich vergessen, wie intolerant und kleinmütig Einwanderungs- und Naturalisationspolitik oft gewesen ist. Allerdings glaube ich, dass ihre Folgen und Missbildungen vor der Geschichte der Sklaverei und ihrem Einfluss auf unsere öffentlichen Einstellungen verblassen. Auch will ich nicht unterstellen, dass die Bemühungen, gute Staatsbürgerschaft zu lehren und zu loben, unwichtig seien; es gibt nichts, das zur Aufrechterhaltung der Demokratie wichtiger wäre. Allerdings hatte auch die demokratische Ideologie daran Anteil, Menschen von der Staatsbürgerschaft auszuschließen. Politische Passivität ist in diesem Fall durchaus nicht das einzige Versagen gewesen. Die folgenden Essays sollen in Erinnerung rufen, dass die Entrechteten und die Ausgeschlossenen Mitglieder einer selbsterklärt demokratischen Gesellschaft waren, die aktiv und willentlich ihren eigenen gerühmten Prinzipien untreu war, indem sie diese Menschen ausstieß oder ihnen ihr Recht zu wählen und frei zu arbeiten aberkannte. Als Sklaven waren sie weniger als die Untertanen irgendeines modernen Staates, als schwarze Freigelassene und Frauen waren sie bestenfalls nicht viel mehr als das. Sie waren bloße Untertanen, aber nicht in einer absolutistischen Monarchie, sondern in einer konstitutionellen Demokratie, die jedem anderen ihrer Mitglieder mehr zu bieten hatte als ihnen und die sich weigerte anzuerkennen, wie weit sie von der Verwirklichung des ›Glücks der Freiheit‹ entfernt war. In Wirklichkeit waren die Amerikaner seit dem Beginn ihrer Nation zerrissen von »eklatanten Widersprüchen zwischen ihren erklärten Staatsbürgerschaftsprinzipien und ihrem tiefsitzenden Verlangen, bestimmte Gruppen dauerhaft von den Privilegien der Staatsbürgerschaft auszuschließen«.[19] Diese Spannungen zeichnen die wahre Geschichte ihrer Bürger.

Eine Möglichkeit, eine historisch reiche Untersuchung der amerikanischen Staatsbürgerschaft vorzunehmen, ist daher, zu erforschen, was sie den Frauen und Männern bedeutet hat, denen alle oder einige Attribute dieser Staatsbürgerschaft verweigert wurden und die doch leidenschaftlich Staatsbürger werden wollten. Ihre Stimmen setzen nicht nur die Frage der Staatsbürgerschaft von der Revolution bis heute auf die politische Tagesordnung, sie bestimmten auch, was an der amerikanischen Staatsbürgerschaft so einzigartig war: das Wählen und das Verdienen. Weil Exklusion so viel verbreiteter und so viel einfacher war als Inklusion, war Staatsbürgerschaft zudem immer eine Sache, die langwieriger Kämpfe bedurfte, und auch das hat ihren Charakter geprägt. Eine auf solche Weise errungene Staatsbürgerschaft verlor, war sie einmal erlangt, viel von ihrer Dringlichkeit. Die Jahre ihrer Verweigerung haben an diesem verfassungsmäßigen Recht ihre paradoxen Spuren hinterlassen.

Die amerikanische Verfassung erwähnt Staatsbürgerschaft bis zum vierzehnten Verfassungszusatz überhaupt nicht, aber die Amerikaner hatten sehr deutliche Vorstellungen davon, worin die gesellschaftliche Bedeutung von Staatsbürgerschaft bestand, und wenn sie ihnen verweigert wurde, protestierten sie. Von Beginn an definierten sie ihre Stellung als Staatsbürger sehr negativ, indem sie sich von den ihnen Unterlegenen absetzten, besonders von Sklaven und gelegentlich von Frauen. Solang die Frage nach den Zulassungsbedingungen zum Wahlrecht unbeantwortet war, hatten sogar weiße Männer Grund zur Beunruhigung. Vermont und die neueren Staaten im Westen hatten keine auf Eigentum beruhenden Einschränkungen, aber in allen anderen Staaten mussten arme weiße Männer um ihr Wahlrecht kämpfen, und das oft sehr lang. Massachusetts war einer der letzten Staaten, der allen seinen männlichen Bürgern das Wahlrecht verlieh, wobei die *town meetings* genannten Gemeindeversammlungen besonders unwillig waren, die Eigentumsanforderungen für das Stimmrecht abzuschaffen.[20] Nur eines war jedem, der das Wort ›Bürger‹ in einer dieser frühen Debatten über das Wahlrecht in den Mund nahm, absolut klar: Sklaven waren keine Staatsbürger. Sogar noch bevor Robert B. Taney, Oberster Richter des Verfassungsgerichts, 1857 verkündete, dass keiner schwarzen Person irgendwelche Rechte zukämen, die ein Weißer zu respektieren hätte, bildete die Besitzsklaverei der Schwarzen den Gegenpol zur vollen Staatsbürgerschaft und definierte sie damit. Die Wichtigkeit dessen, was ich Staatsbürgerschaft als Stellung nenne, erhellt sich vor dieser grundlegenden Tatsache unserer politischen Geschichte. Der Wert der Staatsbürgerschaft war in erster Linie aus ihrer Verweigerung für Sklaven, manchen Weißen und allen Frauen abgeleitet.

Während der vier großen Ausweitungen des Stimmrechts war die Sklaverei in der Sprache der politischen Auseinandersetzung stets präsent. Die Kolonisten, die gegen die Herrschaft der Engländer rebellierten, die weißen, durch Eigentums- und Steueranforderungen entrechteten Männer als auch die freigelassenen Sklaven nach dem Bürgerkrieg und schließlich die Frauen – sie alle protestierten dagegen, auf die Stufe von Sklaven herabgewürdigt zu werden, wenn sie nicht das Wahlrecht und das Recht auf gleichberechtigte Vertretung genossen. Die Erinnerung an Knechtschaft war darüber hinaus den schwarzen Bürgern der Südstaaten stets gegenwärtig, die noch in allerjüngster Zeit vor Gericht ziehen mussten, um ihr Stimmrecht zu erlangen.[21] Im Falle aller dieser ihre Rechte einfordernden Gruppen, mit Ausnahme der Freigelassenen, bedeutete das natürlich einen gewissen Grad an Übertreibung. Wo allerdings Sklaverei nicht nur eine Redensart oder ein Kapitel im Geschichtsbuch der Antike ist, sondern eine integrale gesellschaftliche Institution, ist sie notwendig eine Gefahr. Weniger zu sein als ein vollgültiger Staatsbürger heißt, sich der gefürchteten Lage eines Sklaven anzunähern. Ein Bürger zweiter Klasse zu sein bedeutet Herabsetzung und den Verlust einer respektablen Stellung. Es hat auch bedeutet, von Anderen beherrscht zu werden, vielleicht nicht im Umfang eines Sklaven, aber doch mehr, als ein freier männlicher Bürger beherrscht wurde – im Fall der Frauen sehr viel mehr.

Die in den Vereinigten Staaten Geborenen, die dafür kämpften, dieselben Rechte zu erhalten wie die anderen wahlberechtigten Staatsbürger, befanden sich im sprichwörtlichen Kampf um Anerkennung – in diesem Fall im Kampf um ihre Stellung als republikanische Staatsbürger. Arme Milizionäre wollten Bürger-Soldaten sein, nicht Söldner. Freigelassene wollten die Bestätigung ihrer Freilassung, besonders diejenigen unter ihnen, die im Bürgerkrieg gekämpft hatten. Frauen waren nicht länger bereit, auf ein Leben im Haushalt und eine Form der Staatsbürgerschaft beschränkt zu sein, die weniger umfänglich war als die ihrer Väter, Brüder, Ehemänner und Söhne. Was der Staatsbürgerschaft als Stellung ihre historische Bedeutung verlieh, ist nicht die Tatsache, dass sie für so lange Zeit so vielen verweigert wurde, sondern, dass diese Exklusion in einer Republik geschah, die nach außen hin der politischen Gleichheit verpflichtet war und deren Bürger glaubten, dass sie einer freien und gerechten Gesellschaft angehörten.

Nichts aber zeigt die zentrale Bedeutung von Stellung in diesen vier Episoden der Wahlrechtsreform klarer als die Haltung der Jugendlichen, die keinen Grund hatten, sich dadurch erniedrigt zu fühlen, dass sie bis zum einundzwanzigsten Lebensjahr kein Stimmrecht besaßen. Wo Stellung keine Rolle spielt, wird dieses Privileg schlicht nicht geschätzt. Der sechsundzwanzigste Verfassungszusatz war von den Achtzehn-jährigen, denen er das Stimmrecht verlieh, weder gewünscht noch überhaupt von Interesse.[22] Die angeblichen Nutznießer dieses Zusatzartikels hatten nicht danach verlangt und bejubelten auch seine Verabschiedung nicht. Viele von ihnen waren keineswegs politisch passiv – sie protestierten zu der Zeit, als sie das Stimmrecht erhielten, gegen den Krieg in Vietnam –, aber der Zusatz war für sie von geringer Bedeutung. Zuerst als Gesetzesentwurf im Senat gegen den vernünftigen Einspruch von Bürgerrechtlern eingebracht, wurde daraus nur ein Verfassungs-zusatz, weil der Oberste Gerichtshof dessen Ver-fassungsmäßigkeit auf Präsidentschaftswahlen einschränkte. Um ein Chaos bei der Wähler-registrierung in den Bundesstaaten zu vermei-den, wurde der Zusatz in weniger als drei Mona-ten verabschiedet.[23] Zu keiner Zeit wurde er ernsthaft diskutiert. Ein leichtfertiges Unterfan-gen, das auf einem völligen Missverständnis der Bedeutung des Wahlrechts beruhte.

Jung zu sein ist natürlich kein dauerhafter körperlicher oder gesellschaftlicher Zustand und in einer Gesellschaft, die Jugend verehrt, alles andere als erniedrigend. 1971 waren Jugend-liche weniger daran interessiert, Bürger-Soldaten zu sein als der Einberufung zu entgehen. Also wurde ihnen das Stimmrecht aufgedrängt, ohne dass es in irgendeiner Weise ihre Stellung verbessert oder etwas für ihre gesellschaftliche Position getan hätte. Im Gegenteil, Freiheit bedeutet in der Jugend, weniger Verantwortung tragen zu müssen als Erwachsene. Was diese letzte Ausweitung des Wahlrechts zeigt, ist, dass es seinen Wert aus der Stellung bezieht, die es verleiht. Die völlige Gleichgültigkeit der Jugend steht in auffallendem Kontrast zu der Leidenschaft, mit der Schwarze und Frauen, die an ihre physische und gesellschaftliche Lage nur allzu fest gekettet waren, für ihr Recht zu Wählen und für ihre politische Stellung kämpften.

Das Recht auf Verdienst hat eine Geschichte, die zu der des Wahlrechts parallel verläuft. Sklaven arbeiten allemal, aber sie werden gehalten und für ihre Arbeit wird ihnen kein Lohn gezahlt. Manchen Frauen, die keine andere Wahl hatten als Hausfrauen zu sein, erschien die Ähnlichkeit offensichtlich, obwohl es eindeutig eine Übertreibung war, sie mit Sklaven zu vergleichen. Dennoch wurde diese Analogie tief empfunden, auch wenn sie nicht immer politisch opportun war. In manchen Fällen zeitigte sie ungünstige Folgen, aus denselben Gründen, aus denen sie in anderen auf Zustimmung traf. Viele Ehefrauen und Mütter fühlen sich weder versklavt noch wollen sie mit Sklaven verglichen werden – ein beängstigender Zustand, den sie mit dem ihren nicht gleichsetzen können und wollen. Die Suffragetten wurden von den amerikanischen Frauen nicht einstimmig unterstützt, von denen eine nicht unbeträchtliche Anzahl mit ihren gegenwärtigen Umständen zufrieden war, jedweden radikalen gesellschaftlichen Wandel ablehnte und, am schlimmsten von allem, fürchtete, dass sie die Unterstützung ihrer Gatten und anderer männlicher Familienmitglieder verlieren würde, sollte sie die ihnen ›angemessene Sphäre‹ verlassen. Andere, ungleich radikaler, hielten die Wahlrechtsbewegung für irrelevant was die viel drängenderen Bedürfnisse arbeitender Frauen nach Arbeitsschutzgesetzen und Familienunterstützung betraf. Sie sahen keinen Grund dafür, sie mit Sklaven zu vergleichen.[24] Der Vergleich erschien ihnen als Beleidigung, weil Sklaverei Erniedrigung bedeutete. Dem *Equal Rights Amendment* (ERA) sollten in einer Reihe von Fällen ähnliche Einwände entgegengehalten werden.[25] Im Wesentlichen war es die Unterstellung von Sklaverei, das bloße Wort ›Sklave‹, auf Hausfrauen angewandt, das die tiefe Gegnerschaft vonseiten der konservativen Gegnerinnen des ERA beschwor.[26] Eine solche Reaktion überrascht nicht. Der Grund, warum manche Frauen ihre Rechte sichern wollen, ist, dass sie fürchten, Bürgerinnen zweiter Klasse zu sein, was lediglich eine Stufe über der Sklaverei bedeutet. Frauen, die ihre gegenwärtige Stellung nicht zu ändern wünschen, sind angesichts solcher Vergleiche zutiefst verärgert, weil sie sich vom Vergleich mit Sklaven erniedrigt fühlen. In beiden Fällen klingt die gefürchtete Erinnerung noch nach.

Keine schwarze Führungspersönlichkeit scheint je eine vergleichbare Feindseligkeit gegen das Wahlrecht ausgedrückt zu haben, aber manche waren gewillt, es im Interesse des ökonomischen Aufstiegs und der Befugnis und Möglichkeit, Geld zu verdienen, hinauszuschieben. Booker T. Washington gab sicher nie die Hoffnung auf, dass schwarze Amerikaner irgendwann einmal politische Rechte erlangen würden, aber er war in jener Epoche der Schaffenskraft und der wirtschaftlichen Expansion sicher nicht der Einzige, der glaubte, dass produktive Arbeit und Wohlstand gesellschaftlich sehr viel wichtiger waren.[27] Die Überzeugung, dass die Umstände der eigenen Arbeit eine Person mehr beeinflussten als politische Rechte, teilten auch die weißen Arbeiter aus den Nordstaaten, die sich seit den Jahren vor dem Bürgerkrieg darüber beklagten, auf den Status von Lohnsklaven reduziert zu werden.

Die Furcht davor, in Sklaverei abzusinken, war freilich unter den neuen Fabrikarbeitern durchaus berechtigt, nicht zuletzt, weil Propagandisten der Südstaaten ihnen versicherten, dass sie schlechter dastanden als die schwarzen Besitzsklaven. Zum Teil war der Schlachtruf von ›Lohnsklaverei‹ auch ein Protest gegen die Abolitionisten, die den Leiden der weißen Arbeiter in ihrer Mitte gleichgültig gegenüber zu stehen schienen, während sie sich auf die schwarzen Sklaven im Süden konzentrierten.[28] Die führenden Abolitionisten lehnten diesen Vergleich ab, und nach der Emanzipation unterstützten sowohl William Lloyd Garrison als auch Wendell Phillips die Vorstöße der Arbeiterbewegung für kürzere Arbeitszeiten und erträglichere Arbeitsbedingungen.[29] Sie taten dies ausdrücklich aus den Gründen, die sie zuvor zum Kampf gegen die Sklaverei im Süden bewegt hatte.[30]

Die freien Arbeiter des Nordens wussten natürlich, dass sie keine Sklaven waren und hatten kein Interesse daran, wirklich zu solchen zu werden, trotz all des Geredes vom guten Leben, das die schwarzen Sklaven auf den Südstaatenplantagen angeblich genossen. Sie machten allerdings die Erfahrung, dass ihre Unabhängigkeit und ihr Einkommen als Folge der starken Immigration und der Einführung der Fabrikarbeit massiv abnahmen. Als diese Arbeiter nur zu einem weiteren Faktor im Produktionsprozess wurden, sahen auch sie allmählich das Gespenst der Sklaverei. Sie wussten, dass ihre Verträge keineswegs Arbeitsbedingungen festschrieben, denen sie frei zugestimmt hatten; sie hatten ihre *Einwilligung* [*assent*], nicht aber ihre *Zustimmung* [*consent*] gegeben – sie unterwarfen sich, ohne einverstanden zu sein«, wie ein Arbeiterführer es formulierte.[31] Dies freie Verträge zu nennen war so falsch, wie das Ganze als Sklaverei zu bezeichnen. Ihr Argument lautete, dass sie nicht länger die unabhängigen republikanischen Bürger seien, die sie einmal waren, bevor sie für Lohn hatten arbeiten müssen. Hier ging es nicht allein um Einkommen, sondern um Unabhängigkeit.

Nach dem Bürgerkrieg, als die Arbeiter sich in Gewerkschaften organisierten, um ihr Arbeitsleben zu verbessern, und nachdem die Sklaverei abgeschafft worden war, so stünde jedenfalls zu vermuten, hätten auch die alten Ängste verschwinden sollen. Aber dem war nicht so. Gewerkschaften trugen viel dazu bei, das Arbeitsleben zu verbessern, aber Arbeitslosigkeit konnten sie nicht verhindern; und wenn man seine Arbeit verliert, verliert man in Amerika auch seine Stellung. Während der Großen Depression sahen die erwerbslosen Arbeiter ihren Mangel an Einkommen und die Notwendigkeit, auf irgendeine Form von Unterstützung angewiesen zu sein, immer noch als beschämenden Verlust von Unabhängigkeit an und als mit der Würde eines Bürgers unvereinbar. Heutzutage ist Arbeitslosigkeit als gesellschaftliches Unglück anerkannt, statt eine Schande zu sein, aber die Langzeitabhängigkeit von staatlicher Unterstützung betrachtet man ganz und gar nicht in diesem Licht: Sozialhilfe zu beziehen bedeutet, seine Unabhängigkeit zu verlieren und als weniger als ein echtes Mitglied der Gesellschaft behandelt zu werden. Faktisch sind die Menschen, die zur Unterschicht gehören, keine vollständigen Staatsbürger.

Die beiden folgenden Essays können nicht von sich behaupten, eine erschöpfende Darstellung amerikanischer Staatsbürgerschaft zu sein. Sie sind Reflexionen über ihre Geschichte, von der sehr viel mehr zu erzählen wäre. Ich habe lediglich versucht, etwas wieder in Erinnerung zu rufen, das allzu oft von den Historikern, die sich mit dem amerikanischen politischen Denken befassen, vernachlässigt worden ist: den anhaltenden Einfluss, den die Sklaverei nicht nur auf schwarze Amerikaner und die Generation des Bürgerkrieges hatte, sondern auch auf die Vorstellungskraft und Ängste derer, die weder von der Versklavung bedroht waren noch ihr zutiefst und aktiv feindlich gegenüberstanden. Das Wort ›Sklaverei‹, das die Furcht vor Unterdrückung in einem Land auszudrücken pflegte, in dem man Sklaven ständig vor Augen hatte oder sie zumindest eine lebendige Präsenz besaßen, hat unter solchen Umständen eine andere Bedeutung als sein bloß redensartlicher Gebrauch. Rebellische Europäer mochten ausrufen, sie seien versklavt worden, aber *the real thing* hatten sie nie gesehen. Amerikaner lebten, unter Schmerzen, Schuldgefühlen, Furcht und Hass, mit der Sklaverei.

Sie war eine tiefsitzende Erfahrung und sie ging nicht spurlos an der elementarsten Institution unseres öffentlichen Lebens vorüber – der amerikanischen Staatsbürgerschaft.

I

Wählen

»Natürlich weiß ich, wie illusorisch der Glaube wäre, dass meine Stimme irgendetwas entschiede; aber trotzdem empfinde ich, wenn ich zur Wahl gehe, eine Befriedigung der Art, dass wir alle in einer gemeinsamen Unternehmung beteiligt sind«, schrieb Richter Billings Learned Hand einmal.[1] Viele von uns teilen sein Empfinden, wenn wir in die Wahlkabine treten. Wir nehmen Teil an einem ernsten und persönlich bedeutsamen Ritual. Wenn wir überhaupt an sie denken, bedauern wir die vielen Menschen in anderen Teilen der Welt, die nicht das Recht haben, an Wahlen teilzunehmen. Darüber hinaus wissen wir, dass die Stimmabgabe für unser gesamtes Regierungssystem zentral ist. Der einfache Akt des Wählens ist der Grund, auf dem das Gebäude des Systems gewählter Regierung letztlich ruht. Aber fast die Hälfte der Wahlberechtigten in Amerika kann sich gar nicht erst zur Wahl aufraffen.

Weder das Versäumnis zu wählen noch die Klagen, die eine solche Pflichtvergessenheit veranlasst, sind neu. Schon Alexander Hamilton bemerkte die »beunruhigende Gleichgültigkeit, die bei der Ausübung eines so unschätzbaren

Vorrechts [...] festzustellen ist« und gab wenig überraschend eher den Wählern die Schuld als den Schwierigkeiten, an die Urnen zu gelangen.[2] Im zwanzigsten Jahrhundert hat die geringe Wahlbeteiligung besonders Politikwissenschaftlern Sorgen bereitet. Es scheint so »abnorm«, so falsch, Wahlen zu ignorieren, wenn so viel von ihrem Ausgang abhängt.[3] Von der ersten bis zur letzten Studie über das Nichtwählen haben Politologen über die Gründe dieses bedauerlichen politischen Verhaltens der Amerikaner gestritten. Manche glauben, dass die Gesetze zur Wahlregistrierung zu hohe Hürden errichteten, oder dass die schwer erreichbaren Wahllokale Schuld seien, wie Hamiltons Gegner meinten.[4] Andere glauben, dass viele Menschen die Wahl für eine bedeutungslose Geste halten, weil sie das Gefühl haben, das politische System stünde ihren Sorgen gleichgültig gegenüber und keinen Sinn darin erkennen können, an einem Ritual teilzunehmen, das keinerlei Einfluss auf ihr Leben hat. Wenn es sowieso folgenlos bleibt, wieso sich aufraffen?

Für die Wähler andererseits ist zu wählen »eine Bestätigung von Zugehörigkeit« statt lediglich die Ausübung eines Rechts.[5] Vor allem für gut ausgebildete Menschen »ist der wichtigste Vorteil des Wählens [...] viel eher expressiv als instrumentell: das Gefühl, dass man der Gesellschaft [...] und sich selbst gegenüber eine

Pflicht erfüllt hat.«[6] Es gibt keinen besonderen Grund, warum nicht sowohl Gleichgültigkeit als auch Hindernisse bei der Stimmabgabe zu einer geringen Wahlbeteiligung beitragen sollten. Es ist allerdings immer schwerer zu erklären, warum etwas nicht geschieht oder warum jemand nicht handelt, als Erklärungen für Ereignisse zu finden, die stattgefunden haben. Auch Nicht-Ereignissen nachzuforschen kann sehr komplexe Gründe haben. Wir wollen wissen, warum Einzelne oder Gruppen bestimmte Handlungen nicht ausführten, weil wir glauben, dass sie es hätten tun sollen. Die Überraschung liegt nicht unbedingt so sehr in einer unerfüllten Vorhersage; sie ist ebenso oft Ausdruck moralischer Enttäuschung. Die marxistische Tinte, die über die Weigerung der amerikanischen Arbeiter vergossen wurde, sich so zu verhalten, wie die reine Lehre es vorschrieb, ist nicht nur Sache wissenschaftlicher Verwirrung. Diese Autoren sind ganz einfach wütend. Mit dem Nichtwählen verhält es sich ähnlich. Wenn zu wählen nicht sowohl Gegenstand einer ethischen Erwartung als auch einer gesellschaftlichen Norm wäre, würden sich politische Beobachter wahrscheinlich sehr viel weniger darum scheren.

Ich weiß nicht, warum so viele Amerikaner sich dazu entscheiden, nicht zu wählen. Wahrscheinlich gibt es dafür eine ganze Reihe von

Gründen. Es ist allerdings etwas, das uns beunruhigen sollte, weil die symbolische Genugtuung, die von der Bekräftigung unserer Staatsbürgerschaft ausgeht, angesichts unserer Geschichte keine Trivialität ist. Wenn man bedenkt, wie leidenschaftlich die entrechteten amerikanischen Männer und Frauen zwei Jahrhunderte lang nach dem Wahlrecht verlangt und für es gekämpft haben, scheint es erbärmlich, dass sich ihre glücklicheren Nachfahren so wenig dafür interessieren. Trotzdem sollten wir vielleicht nicht so erstaunt sein, wie wir es oft sind. Was das Wahlrecht zu einem solchen Kennzeichen gesellschaftlicher Stellung machte, war, dass es großen Gruppen von Amerikanern verwehrt wurde. Dieses Rechts beraubt zu werden, war fast gleichbedeutend damit, ein Sklave zu sein, aber sobald es errungen war, verlieh es keine weiteren persönlichen Vorteile. Nicht seine Ausübung, sondern nur dieses Recht selbst war von großer Bedeutung. Ohne es war man weniger als ein ganzer Bürger. War es aber einmal erlangt, hatte es seine Funktion erfüllt, die Bürger von den ihnen Untergeordneten zu distanzieren, besonders von Frauen und Sklaven. Ein Wähler zu sein war daher ebenso ein Zustand wie ein Aufruf zur Tat, und diejenigen, die heute wählen, zelebrieren den staatsbürgerlichen Stand, für den so viele Generationen ausgeschlossener Männer und Frauen so tatkräftig gefochten haben.

Was bedeutete die Staatsbürgerschaft den entrechteten und abhängigen Männern und Frauen? Nur, wenn man ihr Streben nach der öffentlichen Anerkennung ihrer Stellung, persönlicher Unabhängigkeit und geteilten politischen Rechten in Betracht zieht, darf man hoffen, eine historisch realistische Darstellung amerikanischer Staatsbürgerschaft und ihrer Bedeutung zu geben. Selbst wenn sie den verschiedenen idealisierten Versionen bürgerlicher Tugenden nicht entspricht, mag sie uns immer noch Respekt abverlangen. Diese Menschen kämpften schließlich für amerikanische Rechte. Indem ich ihre politischen Hoffnungen und Anstrengungen unterstreiche, scheine ich vielleicht den einzigartigen Charakter der amerikanischen Staatsbürgerschaft überzubetonen, aber ich habe nicht vor, auf das abzuheben, was häufig ›amerikanische Einzigartigkeit‹ genannt wird.[7] Das Recht zu wählen und repräsentiert zu werden wurde von Völkern auf der ganzen Erde glühend verfolgt, aber die Beziehungen zwischen Kasten, Klassen, Nationalitäten und Religionen haben jeden dieser politischen Kämpfe ›einzigartig‹ gemacht, in dem Sinne, dass sie anders waren als andere. Hier habe ich vor, über die Besonderheiten einer Demokratie nachzudenken, die nicht nur mit einer fernen und antiegalitären europäischen Vergangenheit, sondern auch mit ihren eigenen, unendlich despotischeren Institutionen und Ansichten zu kämpfen hatte.

Die Spannung zwischen einer anerkannten Ideologie gleicher politischer Rechte und einem tiefen und verbreiteten Verlangen, große Gruppen von Menschen von der Staatsbürgerschaft auszuschließen, hat jede Stufe der Geschichte der amerikanischen Demokratie geprägt. Und es war vor allem diese Gegenüberstellung von Sklaverei und konstitutioneller Demokratie, die Amerika von allen anderen modernen Staaten unterschied. Es ist ein Unterschied, der sofort zutage tritt, wenn man die Ideengeschichte der Staatsbürgerschaft im Allgemeinen Revue passieren lässt.

Moderne demokratische Staatsbürgerschaft markierte selbst eine neue Richtung im politischen Denken, aber politische Gleichheit, die so aufs Engste mit der Sklaverei verknüpft war wie in Amerika, war doppelt kompliziert. Ebenso ist sie vielleicht nie vollständig anerkannt oder bewusst gemacht worden. Gewiss wurde die berühmteste Darstellung der Staatsbürgerschaft, diejenige Aristoteles', für eine Sklavenhaltergesellschaft entworfen, aber sie war auch ihrem Charakter und ihrer Intention nach kaum demokratisch. Nachdem er bloße Geburt und den Wohnort als Kriterien für unzureichend befunden hatte, definierte er Staatsbürgerschaft als Herrschen und Beherrschtwerden. Nur von sehr wenigen Bürgern könne behauptet werden, dass sie für solche Tätigkeiten geeignet sind, oder für jene vollkommene Erziehung, die das wahre Ziel aller Politik sei. Dies ist eine äußerst ausschließende Definition, denn idealerweise können nur diejenigen, die über die materiellen Güter und die nötige Erziehung zum Müßiggang verfügen, eine solche Staatsbürgerschaft erlangen. Frauen und Sklaven würden dabei nur existieren, um ihnen häuslich zu Diensten zu sein. Weil die meisten Arten von Arbeit entehrend seien, tauge überdies niemand, der arbeitet, zur Bekleidung öffentlicher Ämter. Nur die Freien aus gutem Hause könnten echte Bürger sein, auch wenn der Rest nicht unmittelbar versklavt sei.

Dies ist Staatsbürgerschaft für eine Herrenkaste, deren Mitglieder echte Verbundenheit füreinander empfinden und ihre Zeit miteinander im Gespräch über die wichtigen Dinge der Politik verbringen können, vor allem über Krieg, Frieden und Bündnisse und die für diese und andere große öffentliche Unternehmungen nötigen Haushaltsaufwendungen. Aristotelische Staatsbürgerschaft ist eine Mischung aus Charakterbildung und öffentlichen Tätigkeiten unter wohlerzogenen Gentlemen, die über eine Menge Freizeit verfügen.[8] Es ist ein Ideal, das die Verehrer Athens durch die Jahrhunderte verzauberte, nicht zuletzt jene Amerikaner, die uns eine direkte partizipative Demokratie empfehlen und dabei vergessen, wie ausschließend die erzieherische Staatsbürgerschaft des aristotelischen Modells zufolge sein muss, mit ihrer Betonung des Zusammenhalts der uneingeschränkt aktiven Bürgerschaft.[9] So sehr es die intellektuelle Einbildungskraft auch angeregt haben mag, ist das Konzept des aristotelischen Bürgers als Herrscher letztlich ohne Einfluss auf die Amerikaner geblieben, denn sogar die Sklavenhalter unter ihnen bekundeten Werte, die sehr viel individualistischer und egalitärer waren.

Die anhaltende Anziehungskraft der aristotelischen Vision einer partizipativen Aristokratie liegt darin, wie sie die Praxis der Staatsbürgerschaft und die Wichtigkeit öffentlicher Tätigkeit im täglichen Leben der Bürger darstellt. Man behauptet nicht, dass die Verteilung von Staatsbürgerschaft demokratisch gewesen wäre, weil die große Mehrheit solcherart regierter Personen von aller öffentlichen Aktivität ausgeschlossen oder versklavt gewesen war; man meint aber, dass sich die Privilegierten einer vollkommenen Form demokratischer Tätigkeit erfreut hätten. Die entrechteten Amerikaner haben nicht nach dieser Art Staatsbürgerschaft verlangt. Sie forderten etwas völlig anderes, nämlich die Gleichverteilung von Staatsbürgerschaft, sodass auch ihre Stellung anerkannt und ihre Interessen verteidigt und vertreten würden. Der Ruf nach einer klassischen partizipativen Demokratie mag daher alles andere als demokratisch sein, weil er den Sehnsüchten der meisten Amerikaner weder heutzutage entspricht, noch es je in der Vergangenheit getan hat. In der Mehrzahl der Fälle hat das Bedürfnis, in der Sphäre der Öffentlichkeit eine Rolle zu spielen, Amerikaner dazu getrieben, freiwilligen Vereinigungen beizutreten, die direkt irgendeiner Politik oder Sache gewidmet waren.

Ganz anders und für Amerika sehr viel bedeutender als die Erinnerung an das antike Athen ist die Figur des Bürger-Soldaten. Machiavelli ist zu Recht als der vollkommene moderne Vertreter dieses Ideals bezeichnet worden. Sein Idealbürger ist ein Muster patriotischer Tugend, voll der militärischen Qualitäten, bereit zum Kampf und dazu, seine persönlichen Interessen dem militärischen Ruhm seines Vaterlandes zu opfern. Habgier und alle als weiblich verhöhnten sanfteren Charakterzüge werden als verderbt missbilligt, eben weil sie der wahren Berufung des Bürgers widersprächen, der militärischen Bereitschaft und der Selbstaufopferung für den Ruhm. Zu diesen Zwecken müsse es gute Gesetze und gute Waffen geben, und vom tugendhaften Bürger könne erwartet werden, beide zu unterstützen, anders als die privilegierten Klassen, die von Natur aus zu selbstsüchtiger Korruption neigten.[10]

In jedem Krieg kamen junge Amerikaner dazu, einige dieser Ansichten zu hegen und zu fragen, ob die Männer, die gut genug waren, ihrem Land im Krieg zu dienen, nicht auch vollgültige Bürger sein könnten. Wären diese schließlich nicht viel eher fähig, die Pflichten der Staatsbürgerschaft auszuüben als jene, die keine vergleichbare militärische Tapferkeit an den Tag gelegt hatten? Für viele Amerikaner war der tugendhafte Soldat am ehesten geeignet, Bürger einer wahrhaft republikanischen Ordnung zu sein. Das aber war keine allgemein geteilte Vorstellung bürgerlicher Tugend und in der Tat haben viele Amerikaner die Annahme, dass Bürger erst ihre Tugend beweisen müssten, um zu wählen, stets von sich gewiesen. Rechte hängen nicht von solchen Beweisen ab.

Nichts könnte solchen wesentlich aktiven Formen der Staatsbürgerschaft ferner liegen als die Idee des Bürgers als loyalem Untertan. Bodin und Hobbes waren nicht nur die Apologeten des monarchischen Absolutismus, sondern auch die Gestalter einer politischen Ordnung, die die unmittelbarsten Bedürfnisse ganz normaler Menschen erfüllen sollte: eine Minimalsicherheit gegen Eroberungen, Bürgerkriege, Anarchie und private Gewalt. Die Untertanen geben alle Ansprüche auf legislative Autorität auf und erhalten im Gegenzug Sicherheit und sogar Wohlstand. Nach Hobbes wurde diese

Sachlage durch vernünftige Männer vertraglich etabliert und überdies sei das in jedem Fall, was Menschen, wenn sie die Gründe und Folgen der Gesetzlosigkeit verstehen, vor allem anderen stets wünschen und das, was sie erreichen können. Absolute Herrscher seien ganz normalen Menschen keine Bedrohung; selbst ein Nero habe nur seine Höflinge getötet. Souveränität bedeute, Gesetze zu erlassen und durchzusetzen, und Staatsbürgerschaft habe ihre Sternstunde dann, wenn die Untertanen einsehen, warum sie diesen Gesetzen unter allen Umständen gehorchen sollen, solange ihr Leben nicht auf dem Spiel steht, denn an diesem Punkt hörten sie auf, Untertanen zu sein. Bis zu diesem äußersten Punkt seien die Bürger-Untertanen in Bezug auf eines völlig gleich – alle seien Untertanen eines Souveräns.[11]

Zustimmung muss in der Ausübung von Souveränität keine bedeutende Rolle spielen. Nach Bodins eher konventioneller Sichtweise ist der Untertanenstatus ganz natürlich und hat das Potenzial, sehr inklusiv zu sein. Er komme den im Staat geborenen Söhnen Einheimischer zu und könne auch durch ›Naturalisation‹ erlangt werden, was wohl eine Nachahmung der Natur bedeutet, bei der die Zufälligkeit der Geburt durch Zustimmung ersetzt wird. Bodins Bürger ist »der freie Untertan, der der Souveränität eines anderen untersteht«. Das sei allerdings keine Eigenschaft bloßer Wohnstätte; worauf es ankomme, sei, »unter Gesetz und Gebot anderer zu leben«. Aristoteles' Definition war in Bodins Augen »mangelhaft«, weil Herrschaft eine Funktion von Fürsten sei, während sich Bürger durch den Genuss rechtlich gewährter Rechte und Privilegien auszeichneten. Es gibt Hinweise, dass dazu faire Gerichtsverfahren zählen, aber die Freiheit, das Land zu verlassen, gehört für Bodin nicht dazu. Der natürliche Bürgeruntertan schulde dem Souverän Gehorsam; dafür erhalte er von diesem »Schutz, Gerechtigkeit und Verteidigung«. Der Bürger ist ein geschützter Untertan. Mensch und Bürger sind identisch und letzterer durch keine besonderen Eigenschaften ausgezeichnet. Er ist ein Steuerzahler, aber es sind keine moralischen Qualitäten vonnöten, seien sie nun natürlich oder erworben. Das macht Ein- und Ausschluss völlig zu einer Sache des Rechts. Bodin, weniger philosophisch als Hobbes, kann für sich in Anspruch nehmen, der wahre Erfinder des modernen Staates und seines begrenzten, aber wesentlich gleichen und inklusiven Begriffs von Staatsbürgerschaft zu sein.[12] Freilich waren in den frühneuzeitlichen Staaten Untertanen nur vor dem Souverän gleich. Es bestanden weiterhin gewaltige Ungleichheiten der Kasten, der politischen Stellung und der Wohlstandsverteilung. Mit dem Untergang monarchischer Souveränität aber wurden die egalitären Implikationen von Hobbes und Bodins Doktrinen überdeutlich und kamen vor allem in Frankreich zum Zuge.

In den USA aber, wo es nie eine absolutistische Monarchie gegeben hatte, war die Idee des Bürgers als bloßem Untertan freien Schwarzen vorbehalten, bis die Entscheidung im Fall Dred Scott sie selbst dieser Stellung beraubte.[13] Wie ein Richter in North Carolina es im Jahre 1835 formulierte: »Der Begriff ›Bürger‹ (*citizen*), wie ihn unser Recht versteht, verhält sich genau analog zum Begriff ›Untertan‹ (*subject*) des *common law*. [...] Wer zuvor ein ›Untertan des Königs‹ war, ist nun ein ›Staatsbürger‹.« Ein freigelassener Sklave mag daher dieser Auffassung zufolge ein Bürger-Untertan sein, aber so verstanden ist »der Besitz politischer Macht nicht wesentlich dafür, ein Bürger zu sein«. Freigelassene brauchen nicht »zur politischen Partnerschaft« zugelassen zu werden, stimmte auch der Oberste Gerichtshof Pennsylvanias einige Jahre später zu – selbst, wenn sie Bürger des Staates sind.[14]

Das Wort ›Bürger‹ zu gebrauchen, um einen bloßen Untertan zu beschreiben, ist nicht nur ein Angriff auf die Theorie, sondern auch auf die Praxis der Demokratie, und es war das Verdienst Rousseaus, dies ausgesprochen zu haben. So sehr Rousseau sie allerdings auch missbilligte, so viel verdankte dieser schlüssigste Theoretiker demokratischer Staatsbürgerschaft doch Hobbes und Bodin. Sein republikanischer Bürger ist sicherlich kein Herrschender. Ihn regieren Magistrate, aber er nimmt an der Gesetzgebung teil und ist daher sowohl ein Mitglied des Souveräns als auch ein Untertan. Indem er in einen moralisch transformativen Vertrag eintritt, erwirbt er die Fähigkeit, die Regeln, die die Bedingungen von Staatsbürgerschaft festlegen und ihn von persönlicher Abhängigkeit von anderen Menschen befreien, sowohl zu machen als auch aufrechtzuerhalten. Nicht jeder kann diese strengen Kriterien für die Staatsbürgerschaft erfüllen. Frauen müssten natürlich ausgeschlossen bleiben, so Rousseau, weil sie psychologisch zu mächtig und zu herrschsüchtig seien, um ihnen einen Anteil an politischer Autorität zu erlauben. Nichtsdestotrotz ist Rousseaus Bild des perfekten Bürgers eine Frau, eine Mutter aus Sparta, die ohne zu zögern einen Sieg preist, für den alle ihre Söhne gefallen sind. Um einen solchen Charakter zu erlangen, bedarf es offensichtlich unaufhörlicher Erziehung und Bestärkung, und genau das ist es, was Rousseau im Sinn hatte.

Wenn Menschen zu Bürgern werden, meinte er, erlangen sie nicht nur rechtlich geschütztes Eigentum, sondern auch ein öffentliches Gewissen, einen Gemeinwillen, der zwangsläufig oft im Widerspruch mit dem persönlichen Willen steht. Und weil republikanische Staatsbürgerschaft vollkommen auf Geisteshaltungen angewiesen sei, müsse sie auch auf den Glauben der Bürger Einfluss haben und jene Menschen ablehnen, die religiöse Ansichten hegen, die von denen der Bürgerschaft abweichen. Fremdenfeindlichkeit sei hilfreich, während alle Erscheinungsformen von Intellektualismus in einer Gesellschaft von Bauern-Patrioten zu vermeiden seien. Übergroße Wohlstandsunterschiede förderten die Angewiesenheit der Reichen auf die Dienste der Armen und die Abhängigkeit der Armen von den Gefälligkeiten der Reichen. Dieser Bürger, anders als Hobbes' und Bodins Untertan, erwartet mehr als bloße Beschaulichkeit; er verlangt rechtlich gesicherte Unabhängigkeit und gleiche politische Rechte. »Als Glied des Souveräns« kann er nicht repräsentiert werden, sondern muss im Gesetzgebungsprozess für sich selbst handeln; doch er tut dies nicht als einzelnes Individuum, sondern als bewusstes Mitglied der Kollektivkörperschaft aller Bürger. Und wenn er die Gesetze, die er sich selbst gegeben hat, nicht befolgt, heißt das nur, »dass man ihn zwingt, frei zu sein«, selbst darin, zum Tode verurteilt zu werden, weil es am Ende nicht mehr als eine Rechtsvorschrift ist, die er selbst auf alle Bürger anzuwenden zugestimmt hat. Der rechtsbrüchige Bürger ist in Wahrheit ein Verräter.[15]

In einer Republik darf der Staatsbürger an der Wahl der Magistrate teilhaben, aber Rousseau achtete darauf, dass dieses Recht so schwach ausgeprägt wäre wie in Rom, wo es durch Akklamation in Stammesversammlungen zum Ausdruck gekommen war. In einer idealen Demokratie wäre ein Losverfahren hinreichend. Diese Regelungen sind vollkommen vereinbar damit, eine Person aufgrund moralischer Unzulänglichkeiten oder mangelhafter bürgerlicher Tugend auszuschließen. Für Rousseaus Plan einer korsischen Verfassung kamen nur einigermaßen reife, landbesitzende Männer infrage, die mindestens zwei Kinder gezeugt hatten.[16] Das ist wirklich eine Staatsbürgerschaft für die Tugendhaften und durch die Rhetorik der Antiföderalisten fand sie einen Platz in der Politik Amerikas im achtzehnten Jahrhundert und hat unter Befürwortern partizipativer Demokratie auch heute noch Verehrer.[17] Darüber hinaus muss Rousseaus souveräner Bürger als an Wahlen teilnehmender Gesetzgeber natürlich in jeder Demokratietheorie eine Rolle spielen, selbst wenn die Amerikaner nie für die radikalen Pläne einer fortwährenden Erziehung bereit waren, die vonnöten ist, diesen Bürger so tugendhaft zu erhalten, wie Rousseau es für nötig befand, sollten Gemeinwille und bürgerliche Gleichheit obsiegen.

Ein weit weniger strenges Bild von Staatsbürgerschaft und eines, das eher auf den modernen Staat abgestimmt ist, ist die Vorstellung eines *citoyen propriétaire*, eines Bürger-Eigentümers, wie Turgot ihn nannte.[18] In Amerika hielt er in Gestalt von Lockes noch älterer Version Einzug. Von diesem Bürger nimmt man für gewöhnlich an, dass er äußere Güter besitzt, aber das ist nicht logisch notwendig. Was er beanspruchen können muss, ist Selbsteigentum: Er darf kein Sklave sein. Sein Leben und die Besitztümer, die es aufrechterhalten, sind nicht sicher, solange sie nicht rechtlich geschützt sind, und um sicherzustellen, dass dies auch der Fall ist, muss der Bürger-Eigentümer in den gesetzgebenden Körperschaften repräsentiert sein; andernfalls kann er durch Besteuerung oder andere Konfiskationsformen ruiniert werden. Der Bürger ist Wähler und Steuerzahler. Zugang zu Staatsbürgerschaft mag nur wenigen offenstehen, aber solche Einschränkungen waren nicht notwendig in der bloßen Idee des Bürger-Eigentümers angelegt, auch wenn sie ursprünglich einen eingeschränkten Zugang zur Staatsbürgerschaft vorsah. Die meisten Amerikaner des achtzehnten Jahrhundert stimmten mit William Blackstone darin überein, dass Eigentumsanforderungen für das Wahlrecht vernünftig seien, damit »alle ausgeschlossen werden, denen ihrer abhängigen Lage wegen kein eigener Wille zugestanden werden kann«.[19] Die Amerikanische Unabhängigkeitserklärung spricht allerdings nur vom Recht auf »Leben, Freiheit und das Streben nach Glückseligkeit« aller Menschen und von der Zustimmung der Regierten, was zum Fundament der Kritik werden sollte, die alle amerikanischen Gegner des Ausschlusses von der Staatsbürgerschaft äußerten. Die moralische Festigkeit, die aus Eigentum erwachse, war das stärkste Argument ihrer Gegner. Beide Seiten akzeptierten aber die Wichtigkeit, die individuelle »Unabhängigkeit« für Staatsbürgerschaft in einer repräsentativen Republik besitzt.

Herrschaft, militärische Tapferkeit, Untertanenschaft qua Geburt oder Zustimmung, direkte oder repräsentative Gesetzgebung, Eigentum – dies sind lediglich die bekanntesten Bedingungen für Staatsbürgerschaft in den verschiedenen Regierungsformen, aber keineswegs alle, die der politischen Theorie bekannt sind. Ich habe sie zum Teil erwähnt, weil sie den Hintergrund bilden, vor dem in Amerika über Staatsbürgerschaft nachgedacht wurde, vor allem aber deshalb, um deutlich zu machen, wie sehr amerikanische Staatsbürgerschaft sich von ihnen abhebt. Keine historisch bedeutsame Regierungsform, keine Konzeption von Staatsbürgerschaft ist prinzipiell unvereinbar mit dem Ausschluss großer Menschengruppen, aber die Naturrechtstheorie lässt es sehr schwer werden, gute Gründe zu finden, jemanden in einer modernen Republik von vollgültiger politischer Mitgliedschaft auszuschließen. Freilich haben Amerikaner stets eine Vielzahl ideologischer Gründe gefunden, von Rassismus über Sozialdarwinismus bis hin zu religiöser Intoleranz und Nativismus, um ausschließende und diskriminierende Politik zu rechtfertigen. Zumeist waren es Rassismus und Sexismus, die diese Nichtanerkennung bewirkten, und für eine lange Zeit waren sie darin äußerst erfolgreich. Auch sind sie nie verschwunden. Als sie endlich den politischen Realitäten Platz machten, mussten die Hürden zur Erlangung der Staatsbürgerschaft Stück für Stück weichen. Damit will ich nicht sagen, dass dies schnell oder einfach geschah oder sogar unausweichlich gewesen wäre; vielmehr war es so, dass sich die der amerikanischen repräsentativen Demokratie innewohnende politische Logik, die auf politischer Gleichheit basiert, nur nach langen und schmerzhaften Kämpfen durchsetzen konnte.

Denn in der Tat machten die herrschenden Überzeugungen den Kampf um das Wahlrecht von Beginn an zu einer erbitterten Angelegenheit. Die Revolutionsrhetorik proklamierte, dass die alleinige Legitimität der Regierung auf der Wahl von numerischen Mehrheiten durch das *We the People* und auf der Ablehnung jeder anderen Repräsentationsform beruhe. All jene, die das Wahlrecht verlangten, traten nicht gegen aristokratische oder monarchische Herrschaftsprinzipien an, sondern gegen eine repräsentative Demokratie, die ihnen fälschlich persönliche Mängel zuschrieb, um sie als geringer zu behandeln als *We the People*. Den so Ausgeschlossenen wurden nicht lediglich unwichtige politische Privilegien vorenthalten, sondern sie wurden von ihren Mitbürgern betrogen und erniedrigt.

Das ist noch nicht alles. Da das Wahlrecht schon früh umstandslos als Ausdruck persönlicher Interessen und Vorlieben akzeptiert wurde, löste es die Staatsbürgerschaft von der Zurschaustellung von Tugend ab. Man musste kein Held sein, um zu wählen. Die Wahl war eher ein Weg, die eigenen Interessen zu befördern, als ein Akt der Selbstaufopferung, wie Hamilton in seiner berühmten Darstellung der tatsächlichen und idealen Funktion von Wahlen in einer freien Gesellschaft zweifelsohne erkannt hatte.[20] Zu regieren, zu kämpfen und Gesetze zu erlassen sind alles bürgerliche Aktivitäten, so wie auch zur eigenen Interessenswahrung zu wählen – aber nur Letzteres kann wirklich jeder und jede tun. Denn alle von uns haben Interessen, und es gibt keinen offensichtlichen Grund, jemanden von der Staatsbürgerschaft auszuschließen, weil sich Bürger zu deren Genuss nicht durch einen Nachweis von Tugend qualifizieren müssen. Der Bürger-Untertan Bodins und Hobbes' muss freilich auch nicht sonderlich patriotisch sein, tut er doch nichts anderes als zu gehorchen. Er findet seinen Platz eher in der bürgerlichen

Gesellschaft als in der Öffentlichkeit, aber er ist kein Sklave, wie Hobbes zu betonen sich beeilte.[21] Wenn jedoch jede lebende Person Rechte hat, die sie durchsetzen, und Interessen, die sie als Bürger vertreten will, dann bedeutet der Ausschluss vom öffentlichen Leben, ihr eine bürgerliche Persönlichkeit und soziale Würde zu verweigern, und ist ein Zeichen äußerster Gleichgültigkeit gegenüber ihren Interessen. Ganz ohne Frage wurde die Amerikanische Revolution zu einem großen Teil als Protest gegen solche politischen Umstände erkämpft.

Es ist oft angemerkt worden, dass die Amerikaner sich in den Jahren vor der Revolution oft darüber beschwerten, sie wären kaum mehr als Sklaven, sollte die britische Regierung ihre Forderung nicht erfüllen. Diese Rhetorik wurde zum Teil aus englischen Quellen übernommen, doch wie viele Zeitgenossen bemerkten, war die Bedeutung des Wortes ›Sklave‹ in Amerika nicht lediglich eine Metapher für die Beschneidung politischer Unabhängigkeit. Es bedeutete etwas sehr viel Konkreteres, nämlich den tatsächlichen Zustand der meisten amerikanischen Schwarzen. Und dass dies für die weißen Amerikaner ein Albtraum war, aber kein wahrscheinlicher Zustand, war zumindest teilweise auf die Lebensverhältnisse jener Schuldknechte genannten temporären Leibeigenen zurückzuführen, die, obwohl sie es sehr viel besser hatten als schwarze Sklaven, ihnen doch nah genug waren, um den Schrecken der Sklaverei hinreichend deutlich an die Wand zu malen.[22] Dr. Johnson mochte sowohl die liberale Ideologie als auch die Anmaßungen der Sklavenhalter mit noch so bitterem Hohn überschütten, beide aber waren, wie Edmund Burke beobachtete, eng miteinander verwandt.

In seiner berühmten Rede über den amerikanischen Konflikt befasste sich Burke mit den Besonderheiten der Südstaatenkultur. »In Virginia und den beiden Carolinas«, beobachtete er, »besitzt man eine Vielzahl an Sklaven. Wo dies der Fall ist, ganz gleich, in welchem Teil der Welt, da sind die Freien am stolzesten auf ihre Freiheit und eifersüchtig auf sie bedacht. Freiheit ist ihnen nicht bloß ein Genussrecht, sondern eine Art Rang und Privileg. [...] In einem solchen Volk verbindet sich der Hochmut der Herrschaft mit dem Geist der Freiheit, festigt ihn und lässt ihn unbesiegbar werden.«[23] Oder wie es der Historiker Edmund Morgan kürzlich formulierte: »Die Bürger Virginias mögen die Freiheit, die Republikanern so am Herzen liegt, deshalb besonders gewürdigt haben, weil ihnen jeden Tag vor Augen geführt wurde, wie das Leben ohne sie aussähe.«[24] Und so erblickten Amerikaner Sklaverei überall, besonders in jedweder Einschränkung dessen, was sie als ihre Rechte ansahen.

Freilich ergibt die in den Südstaaten herrschende Mischung der Extreme psychologisch durchaus Sinn. Aber moralisch und politisch ist sie inkonsequent und wurde von Pamphletisten aus dem Norden auch so gesehen, besonders vom berühmtesten unter ihnen, James Otis. »[Die Kolonisten] sind schließlich Menschen, Bürger und britische Untertanen. Kein Parlamentsbeschluss [...] ist in der Lage, aus nicht nur einem, sondern aus zwei Millionen Untertanen des Commonwealth Sklaven zu machen. [Die] hier geborenen Kolonisten, schwarz und weiß, sind frei geborene britische Untertanen, denen die wesentlichen bürgerlichen Rechte solcher zustehen«.[25]

Hier ist die Logik der Freiheit auf einzigartige Weise erkannt. Vielleicht war seine intellektuelle Isolation der Grund dafür, dass Otis sein Leben in einer Irrenanstalt beendete. Zwar übernahm er die geläufige republikanische Rhetorik von Sklaverei oder Freiheit, aber indem er sich auf die Schwarzen und ihr Schicksal bezog, bewies er, dass zumindest er genau wusste, was Sklaverei bedeutete. Es steht außer Frage, dass die meisten Amerikaner sich »in einer Übertreibung von haarsträubenden Ausmaßen ergingen«, wenn sie ihre Lage unter der englischen Herrschaft mit der ihrer eigenen schwarzen Sklaven verglichen.[26] Otis kann man zugutehalten, dass er der vorherrschenden moralischen Blindheit dadurch entging, dass er ein entschiedener und militanter Abolitionist war, der darauf bestand, dass nur solche Freiheit, die unteilbar und universal ist, diesen Namen auch verdient.[27] Hierin war er einzigartig.

Gerade, weil Otis das Wort ›Sklaverei‹ nicht leichtsinnig, sondern in seiner exakten Bedeutung gebrauchte, erscheint es so unmäßig übertrieben, dass er seine eigene Situation mit diesem Wort beschrieb. Schließlich bestand für ihn nicht die geringste Gefahr, gekauft oder veräußert zu werden. Aber weil er sich nicht bloß darüber beklagte, weniger Macht und Einfluss zu besitzen als andere Engländer, sondern auch über den Verlust gesellschaftlicher Stellung und Herabsetzung, ergab seine Verwendung des Wortes ›Sklave‹ rhetorisch auch solchen Männern gegenüber einigen Sinn, die seinen aufrichtigen Realismus der Sklaverei gegenüber nicht teilten, die aber sehr wohl die Macht seiner Metaphern begriffen. Denn es gab zwei wohlunterschiedene Elemente in Otis' Angriff auf das Parlament. Er strebte die Repräsentation von amerikanischen Engländern im Parlament auf derselben »virtuellen« Basis an wie diejenige europäischer Engländer,[28] weil andernfalls ihre Interessen nicht ordentlich geschützt wären und sie auf unzumutbare Weise besteuert und eingeschränkt werden könnten. Hier geht es um Repräsentation, das heißt, um die volle Staatsbürgerschaft des britischen Empire als Mittel zu einem Zweck, nämlich der Verfolgung der eigenen Interessen und als eine Form dauerhafter politischer Aktivität. Das zweite Element bestand darin, dass eine Stimme im Parlament zu haben eine Sache des Prestiges und der öffentlichen Anerkennung war.

Otis verlangte nicht nach gleicher Repräsentation oder einem erweiterten Wahlrecht; er schien sich mit dem vorherrschenden englischen System höchst ungerechter Repräsentation zu bescheiden. Doch fühlte er sich dadurch erniedrigt, dass er als Amerikaner vollkommen ausgeschlossen war, und zwar so, wie es seinesgleichen in England nicht erging. Diese Männer hatten Repräsentanten, denen sie vielleicht nicht persönlich ihre Stimme geben konnten, aber die von Mitgliedern ihrer Klasse und ihrer Herkunft gewählt wurden. Darüber hinaus bestand die Möglichkeit, dass sie irgendwann doch selbst Stimmbürger werden konnten. Als Amerikaner war Otis dagegen dauerhaft ohne Stimme und zählte so weniger als andere Engländer.

Die revolutionäre Generation lehnte die virtuelle Repräsentation bald zugunsten des regionalen, sehr viel direkteren Wahlsystems ab. Als dies geschah, wurden dieselben zwei Punkte vorgebracht. Die Kolonisten sollten gehört und ihren Interessen gedient werden. Wenn die Kolonisten dem Parlament gehorchen sollten, dann mussten sie sicherstellen, dass seine Gesetze in ihrem Interesse erlassen würden, von Männern, die sie verstanden und über sie wohlunterrichtet waren. »Es ist möglich, dass das Parlament falsch unterrichtet und getäuscht worden ist.« Gäbe es eine lokale Vertretung, dann hätten »beide Länder ein detailliertes Verständnis der Interessen des anderen«.[29] Und in diesem Kontext bedeutete Wissen die Würdigung und das detaillierte Verständnis sowohl kolonialer Interessen als auch der politischen Stellung der Kolonisten.

Obwohl das Zensuswahlrecht die Stimmabgabe vom Besitz abhängig machte, war die Repräsentation in den amerikanischen Kolonien nicht virtuell, sondern wirklich. Die meisten weißen Männer hatten das Wahlrecht, und repräsentiert zu werden bedeutete, dass für einen gesprochen wurde, aber es bedeutete auch, da zu sein, gehört zu werden, zu zählen, ein Gefühl von »ein Jemand zu sein« (*somebodyness*) zu haben, wie es ein schwarzer Wähler viele Jahre später formulierte.[30] Die virtuelle Repräsentation durch Europäer konnte das für die Amerikaner ohne Frage nicht leisten. Die Engländer waren von ihnen kulturell und politisch zu weit entfernt, um sie vollkommen zu verstehen oder für sie sprechen zu können. In jedem Fall hatten sie sich zu diesem Zeitpunkt im Namen der Menschenrechte bereits vom alten System abgewandt. Sie wollten nicht bloß vertreten werden, sondern Wähler sein.

Aus der Rückschau erscheint es offensichtlich, dass vom Beginn der Auseinandersetzungen mit Großbritannien an implizit allen amerikanischen Bürgern von ihren Anführern das allgemeine Wahlrecht für weiße Männer versprochen worden war. Doch es dauerte über ein halbes Jahrhundert, dieses Versprechen zu erfüllen, weil die Rechtegleichheit von Anbeginn ihre Feinde hatte. In den Debatten um das allgemeine Wahlrecht wurde kein Name öfter angerufen als der Jeffersons, was nicht überrascht, war doch die Unabhängigkeitserklärung das bestmögliche Argument für demokratische Reformen. Und wirklich geschah es erst im Laufe jener zweiten, demokratisierenden Ära amerikanischer Politik, dem sogenannten Zeitalter Jacksons, dass Jefferson der ›Heilige von Monticello‹ wurde.[31] Allerdings waren die Ideen, die bei den verfassungsgebenden Versammlungen präsentiert wurden, die man einberufen hatte, um sich mit den Forderungen nach politischer Demokratisierung auseinanderzusetzen, um einiges älter als die amerikanische Republik. Wie so Vieles im amerikanischen politischen Denken hatten diese Ideen ihren Ursprung im puritanischen England, besonders in den ›Putney-Debatten‹ von 1646, in denen sich Oliver Cromwell und seinem Schwiegersohn Henry Ireton die radikalen Offiziere ihrer Armee entgegenstellten.[32]

»Wir sind zum Urteil gelangt«, sagte einer dieser Offiziere, »dass alle Einwohner, die nicht ihr Geburtsrecht verloren haben, ein gleiches Stimmrecht bei den Wahlen erhalten sollen.« Überdies glaubten sie, »dass der Ärmste in England nicht im strengen Sinne an eine Regierung gebunden ist, der sich zu unterwerfen er nicht selbst hatte wählen können«. Sie »würden nur zu gern wissen, wofür wir gekämpft haben«, denn die Gesetze, die das Volk von England versklavten, seien weiterhin in Kraft, und sie selbst seien »noch Gesetzen unterworfen, bei deren Verabschiedung sie kein Mitspracherecht hatten«. Sie fühlten sich nicht nur ausgeschlossen, sondern betrogen. »Wie«, rief ein Offizier aus, »konnten wir so hintergangen werden! Hatten wir kein Recht auf das Königreich, so sind wir bloße Söldner gewesen.« Sie hatten aufrichtig an das Versprechen einer neuen Ordnung geglaubt: »Alle hier, ganz gleich welcher Stellung, meinen, für etwas gekämpft zu haben.«

Diesen Ansprüchen bürgerlichen »Geburtsrechts« hielt Ireton ein schlagkräftiges Plädoyer für den Primat von Eigentumsrechten und eines auf Grundbesitzer beschränkten Wahlrechts entgegen. Nur diese hätten »ein dauerhaftes, festes Interesse an diesem Königreich.« Außerdem würde es »Eigentum zerstören, [...] erlaubte man jedem Mann die Wahl, der nur atmet und existiert.« Wie, bitte sehr, wären überhaupt Gesetze möglich, wenn sie im Namen von jedermanns Geburtsrecht infrage gestellt werden könnten? Vor allem Grundeigentum sei wesentlich. Die Männer, die Land besitzen, besäßen auch England, und sie hätten ohne Frage ein aus diesem Eigentum erwachsenes Interesse an seinem Wohlergehen. Iretons Argument war sicherlich nicht trivial, aber dasselbe galt für die Klage der Soldaten, vor allem für ihren Einspruch gegen die Beleidigung, bloß angeheuerte Söldner statt Bürger-Soldaten zu sein, die für eine gerechte Sache gekämpft hatten.

Einmal davon abgesehen, dass sie in dramatischer Hinsicht interessant sind, sind diese Debatten von bleibender Bedeutung, besonders für amerikanisches politisches Denken. Die Soldaten behaupteten nicht nur, dass das Wahlrecht ein Geburtsrecht sei, sondern stellten die Stimmabgabe als die grundlegendste und charakteristische politische Handlung des Bürger-Soldaten schlechthin dar. Staatsbürgerschaft und Wahlrecht waren von nun an nicht mehr voneinander zu trennen. Der zukünftige amerikanische Bürger wurde im Verlauf dieser Auseinandersetzungen geboren. Mehr noch: Auch die Gegner dieser Auffassungen sollten in den Vereinigten Staaten wichtig werden. Alle ihre Argumente wurden ein ums andere Mal wiederholt, wann immer eine neue Gruppe von Amerikanern das Wahlrecht verlangten. Es ist, als hätte Ireton den Argumenten aller Gegner des allgemeinen Wahlrechts und allen, die es als eine Bedrohung des Eigentums betrachteten und die Männer fürchteten, die an ihrem Land kein Eigentumsinteresse hatten, ein bleibendes Gerüst verliehen.

Nach dem Amerikanischen Bürgerkrieg ersetzen Rasse und Geschlecht die Kategorie des Eigentums als die Ausschlusskriterien, die weiße Männer, und nur sie allein, in der Lage beließen, bei Wahlen ihre Stimme abzugeben. Wie ihre wahlberechtigten Vorfahren, wollten auch sie anderen die Staatsbürgerschaft nicht zuerkennen. Die Furcht davor, von sozialen Außenseitern beraubt und verdrängt zu werden, begann auch sie heimzusuchen. Es war eine Angst, die handfeste, empirisch begründete Argumente ebenso wenig zu beschwichtigen vermochten wie moralischer Tadel. Sie gab sich selbst immer neue Nahrung. Erst in allerjüngster Zeit, als dem allgemeinen Wahlrecht die letzten Hürden genommen wurden, fiel dieses ganze Argumentationsgerüst außer Gebrauch und ist heute so gut wie vergessen.

Einer der Gründe, warum die Ideologie der rebellierenden Soldaten aus Cromwells Armee den Amerikanern so umstandslos zusagte, war, dass sich ihre Situation mit der ihren durchaus vergleichen ließ. Nur in Vermont besaßen 1780 alle männlichen Bürger das Wahlrecht, während viele Veteranen vergebens verkündeten, dass »wir für das Recht zu Wählen gekämpft haben und es nun auch ausüben werden.«[33] Der jacksonianische Radikalismus erhielt von den Veteranen des Zweiten Unabhängigkeitskriegs von 1812 einen gewaltigen Schub. Die Kampagne zur Abschaffung von Eigentumsbedingungen und für die gleiche, an die Bevölkerungszahl gebundene Repräsentation nahm kurz nach dem Krieg ihren Anfang. Ihr Ende fand sie allerdings erst einige Jahrzehnte später, nachdem die verfassungsgebenden Versammlungen der Staaten angesichts des überwältigenden Drucks aus der Bevölkerung sie nicht länger hinauszögern konnten.

All das – die Popularität demokratischer Reformen, die Tatsache, dass alle neuen westlichen Staaten das allgemeine Männerwahlrecht besaßen, ohne, dass es negative Auswirkungen zu haben schien, und das Jefferson'sche Erbe – machte einen gewaltigen Unterschied zwischen dem Amerika Jacksons und dem postnapoleonischen Europa, einschließlich England, das bereits dem *Reform Act* entgegen taumelte.[34] Aber die größte Differenz zwischen den beiden Kontinenten war die amerikanische Sklaverei. Das ganze politische Vokabular war durch sie geprägt und setzte es von europäischen Argumenten ab. Englische Radikale hatten sich jahrhundertelang immer wieder beklagt, sie seien »versklavt«, aber ihr Problem war eigentlich eines der Klasse, nicht der Rasse, noch weniger der Sklaverei. Der unsterbliche Ausruf Colonel Rainboroughs war auch der ihre: »Der Ärmste, der ist in England, soll ein Leben zu leben haben wie der Größte.«[35] Aber in jedem amerikanischen Staat war es die Sklaverei, nicht bloße Armut, die wie eine dunkle Wolke über jeder Debatte hing, selbst in den Staaten, in denen diese eigentümliche Institution gar nicht existierte. Daher begannen in Massachusetts die Fürsprecher einer Abschaffung von Eigentumsvoraussetzungen mit der Bemerkung, dass die Folgen, die aus dem Besitz des Stimmrechts erwuchsen, unbedeutend seien, aber dass man sie »heiß verlangte«, weil ohne das Stimmrecht »Männer ohne Eigentum in den Stand der Sklaven Virginias versetzt würden; vor diesem erniedrigenden Gefühl muss man sie bewahren.«[36] Das war ein starkes Argument.

Um das Ausmaß angemessen würdigen zu können, in dem Sklaverei diese Debatten dominierte muss man sich aber der *Virginia Convention* von 1829/30 zuwenden.[37] Wie ihre englischen Vorgänger sprachen die Reformer eloquent vom Militärdienst für ihr Land. »Wurden in Zeiten des Friedens Bürger ohne Grundbesitz schändlich von den Urnen vertrieben, so wurden sie im Krieg großzügig auf das Schlacht-feld gerufen. Sie haben sich diesen Appellen weder widersetzt noch weniger Blut als andere bei der Verteidigung ihres Landes gelassen.«[38] Doch selbst dieses Plädoyer des Bürger-Solda-ten war durch Sklaverei bedingt. Wie ein ande-rer Reformer seinen Mitbürgern in Erinnerung rief: »Die sklavenhaltenden Staaten steuern schnellen Schrittes auf eine Krise zu […], auf eine Zeit, in der jeder Freie gebraucht werden wird – und jedermann auf seinem Posten sein muss […]. Lasst uns niemandem einen Grund geben, zurückzustehen oder seinen Dienst zur Verteidigung seines Landes auszuschlagen.«[39] Gute Waffen und gute Gesetze waren dringend nötig, um die Sklaverei etwa dreißig Jahre vor Ausbruch des Bürgerkrieges zu verteidigen.

Der häufigste und tiefempfundene Ausruf der entrechteten Bürger aus dem Westen Virginias war aber, dass sie ohne Wahlrecht Sklaven seien. Die Zahl von Sklavenbesitzern aus dem Osten des Staates, die sich bereits in der Minderheit befanden, nahm immer weiter ab, und je schwä-cher diese Gruppe wurde, desto despotischer wurde ihre Herrschaft über die Mehrheit im Westen, die kaum Sklaven besaß. Sie »sorgen für unsere dauerhafte Versklavung«, beklagten sich die Westler. Einem potenziellen, aus einem anderen Bundesstaat kommenden Käufer einer Sklavenplantage wurde Folgendes in Aussicht gestellt: Er würde »hundert zum Kauf bestimmte arme Wichte zu Gesicht bekommen, allein oder in Familien, zusammen mit dem Land ihrer Herren« und wenn sie alles kauften, »würde er mit einem Schlag zum Souverän über dieses freie Land werden und der gegenwärtige Besitzer sein Sklave [...]. Eure Doktrin macht mich zum Sklaven. Solange ihr politische Macht über mich habt, bin ich ein Sklave.« Dieser Mann wusste ganz genau, was Sklaverei bedeutete. Für ihn war sie keine Metapher; sie war die äußerste Bedrohung seiner Stellung und er fürchtete sie.[40] Ein New Yorker könnte ihn kaufen!

Das Wahlrecht war diesen Männern so wichtig, weil es sie als Bürger auswies – anders als Frauen und Sklaven, wie sie immer wieder aufs Neue betonten. Ihre ganze Identität als freie Männer stand auf dem Spiel. Von ihren Gegnern wurden sie mit dem Argument verspottet, dass, wäre wählen zu dürfen ein Naturrecht, Frauen und Schwarze ebenfalls das Wahlrecht besitzen müssten. Die Frauen seien schließlich ebenso gut wie Männer, wenn nicht besser, und die Sklaven, obwohl ohne Frage niedrigerstehend, natürlich selbst Männer. Überdies machten diese Leute zusammen eine Mehrheit der Bevölkerung aus. Dies waren zweifellos sehr bedrohliche Argumente für weiße Männer und die Antworten fielen so aus, wie man sie erwarten würde: Die Natur habe Frauen so schwach geschaffen, dass sie männlichen Schutzes bedürften, und die Schwarzen so beschränkt, dass Sklaverei ihr einzig wahrer Zustand sei. Die bürgerliche Stellung, die diesen Geschöpfen *nicht* zukam, machte ihre Wichtigkeit für den weißen Mann aus, weil sie ihn von der Mehrzahl der ihm unterlegenen Rechtlosen unterschied.

In diesem Sinne wurde ein Wähler zu sein das Ziel aller Entrechteten Virginier und ließ manche von ihnen recht eloquent werden. Das Wahlrecht, argumentierten sie, sollte nicht in einem »technischen und begrenzten Sinne verstanden werden, als bloßes Recht, für öffentliche Funktionäre zu stimmen. […] In einem erweiterten Sinne ist es das Recht, durch das ein Mann seinen Willen bekundet, ein Teil der Regierung, des Gesellschaftsvertrages zu werden.« Kurz: Es war, was ihn zum Bürger machte. »Das Wahlrecht«, fuhr dieser Sprecher fort, »ist die Grundlage, das höchste Recht« auf welchem alle anderen Rechte beruhen – das Recht auf Leben, Freiheit, Eigentum und das Streben nach Glückseligkeit.[41]

Die Gegner des allgemeinen Männerstimmrechts konnten nichts gegen dessen gesellschaftliche Relevanz ausrichten. Im Gegenteil hielten sie es für zu wertvoll, um es mit Besitzlosen zu teilen, die keine Eigentumsinteressen an ihrem Land hatten. Niemand gab diesen Ängsten besser Ausdruck als Chancellor James Kent aus dem Staat New York: »Die Tendenz des allgemeinen

Wahlrechtes ist es, das Eigentumsrecht und die Prinzipien der Freiheit zu gefährden. [...] Die Armen haben die Neigung, die Ausbeute der Reichen zu begehren und zu verteilen. [...] Ehrgeizige und niederträchtige Männer nutzen es aus, diesen Zunder zu entfachen. Die Vorstellung, dass jedermann, der einen Tag auf der Straße arbeitet oder eine müßige Stunde im Militär abdient, einen rechtmäßigen Anspruch auf gleiche Beteiligung an der ganzen Macht der Regierung habe [...], hat keine gerechte Grundlage. [...] Die Gesellschaft ist eine Vereinigung zum Schutze des Eigentums und des Lebens und derjenige, der nur einen Teil zum gemeinsamen Gut beiträgt, darf nicht die gleiche Macht und den gleichen Einfluss haben [...] wie der, der tausend Teile beiträgt.«[42]

Bei dieser konservativen Begründung waren mehrere Argumente im Spiel. Ihr zufolge gehörte das Wahlrecht nicht zu den Privilegien und Freiheiten der amerikanischen Staatsbürgerschaft; es war eine besondere Erlaubnis, die durch ein föderales Gesetz im Rahmen öffentlicher Politik bewilligt wird. Überdies sollte es nur Grundbesitzern übertragen werden, denen allein durch ihren Besitz Umsicht und Redlichkeit zugeschrieben wurde. Schließlich verstand diese Position Amerika nicht als Zusammenschluss von Bürgern, sondern als eine Art Aktiengesellschaft, in der jeder Partner im

Verhältnis zu seinen Investitionen Dividenden erhielt.

Diese Ängste zu widerlegen, erwies sich als nicht allzu schwer: In den Staaten, in denen es bereits ein allgemeines Wahlrecht für Männer gab, sei Eigentum nie bedroht gewesen. Auch bringe Besitz nicht automatisch Tugend mit sich; im Gegenteil, der traditionellen republikanischen Ideologie zufolge korrumpiere Reichtum sogar. Wolle man aufrechte Bürger schaffen, so müsse man eine öffentliche Erziehung, eine echte Unterweisung in Staatsbürgerschaft unterstützen, statt die Armen in den Zustand halber Sklaven zu versetzen. Die Republik sei eine Assoziation von durch einen Vertrag vereinigter Personen, keine Handelsgesellschaft und Bürger hätten gleichen Anspruch auf ihre Rechte.

Diese Argumente gewannen die Oberhand – zu einem gewissen Grad. Denn während die siegreichen Demokraten Reichtum als ein Zeichen von Tugend ablehnten, ersetzten sie ihn unverzüglich durch Rasse. Die Bürger-Soldaten von New York beschwerten sich, dass Schwarze nicht im Militär dienten und daher kein Stimmrecht haben sollten. Der Hinweis, dass dies kaum die Schuld der Schwarzen, sondern des Militärs sei, stieß auf taube Ohren. Die Radikalen, die eben noch für ein allgemeines Wahlrechts gestimmt hatten, taten unverzüglich ihr Möglichstes, den größten Teil der freien

Schwarzen des Staates von diesem Wahlrecht auszuschließen. Ihr Argument war simpler Rassismus. Es unterstellte schwarzen Menschen als solchen einen Mangel an Tugend, obwohl der schlimmste weiße Gauner für zur Wahl fähig befunden wurde, wie die konservativen Gegner dieser Maßnahme feststellten. Das war im Jahre 1821 und hier etablierten sich jene unnachgiebigen politischen Gepflogenheiten des demokratischen Rassismus, mit denen wir heute noch zu kämpfen haben.

Obwohl viele jacksonianische Demokraten ihren erklärten egalitären Prinzipien untreu wurden, kamen ihre Argumente schwarzen Amerikanern doch zugute, als Amerika nach dem Bürgerkrieg ein anderes Land geworden war. Vielleicht mehr noch als ihre Vorfahren verstanden die freigelassenen Sklaven das Wahlrecht als Merkmal gesellschaftlicher Stellung. Es war schließlich das öffentliche Zeichen schlechthin, dass die Jahre ihrer Knechtschaft vorüber und sie endlich Staatsbürger waren. Es ist in der Tat ganz außergewöhnlich, wie sehr die Ideologie und die Hoffnung der Ex-Sklaven den standardmäßigen amerikanischen Vorstellungen entsprachen. Was sie wollten, war, Staatsbürger wie alle anderen zu sein – und das bedeutete, wählen zu dürfen.

Es reicht, Frederick Douglass zu lesen, um zu begreifen, welche tiefen Überzeugungen die schwarzen Amerikaner in dieser Frage hegten: »Die Sklaverei wird erst abgeschafft sein, wenn der schwarze Mann im Besitz des Wahlrechts ist.«[43] Dieser könne nach seinem Dienst im Bürgerkrieg zudem den Anspruch erheben, ein echter Bürger-Soldat zu sein. »Es ist gefährlich, einer Klasse von Menschen das Recht zu wählen zu verweigern. Aber der schwarze Mann verdient das Wahlrecht für das, was er an Hilfe zur Niederschlagung der Rebellion getan hat, sowohl im Kampf als auch, indem er dem Soldaten der Union beistand, wo immer er zugegen war. Er verdient es zu wählen, weil seine Dienste erneut gebraucht werden könnten«, stellte Douglass fest.[44] »Weiß er genug, um eine Muskete zu schultern und für die Flagge, für den Staat zu kämpfen, dann weiß er genug, um zu wählen.« Und schließlich: »Sollen wir Bürger im Krieg und Fremde im Frieden sein?«[45] Nichts kommt dem Aufschrei »Sind wir nur Söldner?« näher, der Ireton bei den Putney-Debatten entgegengeschleudert worden war. Hier wie da war der Bürger-Soldat eine demokratisierende Instanz. Er war nicht länger ein tugendhafter Kriegsheld, sondern ein Wähler, ein Inhaber von Rechten statt Besitzer eines außergewöhnlichen gesellschaftlichen Charakters zu sein. Douglass war mit seiner Meinung nicht allein: »Das logische Resultat des Wehrdienstes«, sprang ihm ein republikanischer Senator bei, »war, dass der schwarze Mann von nun an unter uns einen neuen Status einnehmen wird.«[46]

Für die Republikaner des Nordens schien das eine Frage simpler Billigkeit zu sein. Es war ihre Pflicht, »dafür zu sorgen, dass kein Mann, der für die Flagge gestimmt hatte, unter die Füße eines anderen gerät, von dem sie besudelt worden war«, meinte ein Senator. Freilich waren bei der republikanischen Unterstützung für den fünfzehnten Zusatzartikel der Verfassung auch Parteiinteressen im Spiel, da sie sich die Stimmen der Schwarzen im Norden erhofften.[47]

Solchen Erwartungen zum Trotz erlangten schwarze Bürger keine echte Stellungsgleichheit und im Zweiten Weltkrieg mussten sie weiße Amerikaner erneut daran erinnern, dass sie Douglass' Aufforderung gefolgt waren, als er schrieb: »Schwarze Männer – zu den Waffen!« Sie hatten für die vier Freiheiten[48] und gegen den Faschismus in der Fremde gekämpft und nun kehrten sie als Veteranen nach Hause um dieselben Freiheiten für sich einzufordern.[49] Es spricht für ihren Glauben an das Ideal des Bürger-Soldaten, dass sie nach so vielen Jahren der Enttäuschungen diese Forderung erneut erheben konnten. Sie verlangten die öffentliche Stellung, die ihnen in einer Republik rechtmäßig zustand, und nicht nur etwas, das man ihnen für ihre Dienste in einem schrecklichen Krieg schuldete.

Douglass und die republikanischen Radikalen erwarteten sich vom Wahlrecht mehr als gesellschaftliche Stellung. Er lehnte Bildungsbeschränkungen für die Freigelassenen und andere Bürger ab, weil das Recht zu wählen als solches einen moralischen Einfluss auf den neu mit Rechten ausgestatteten Wähler habe; es war ein Weg zur Reife. »Bildung ist groß aber Menschlichkeit größer. Das eine ist das Prinzip, das andere das Akzidens. Der Mensch wurde nicht als Eigenschaft von Bildung geschaffen – Bildung ist eine Eigenschaft des Menschen. […] Nimmt man dem Schwarzen das Wahlrecht, so nimmt man ihm auch die Mittel und Motive, die eine Bildung ausmachen.«[50] Und in seinem berühmten Essay *What the Black Man Wants* [*Was der schwarze Mann will*] fasste er sein Plädoyer für das Wahlrecht der Schwarzen und seine grundsätzliche Wichtigkeit für die Freigelassenen als ein Werkzeug gesellschaftlichen Fortkommens zusammen: »Ohne [das Wahlrecht] ist seine Freiheit ein Hohn, ohne es könnte man seinem Zustand fast den alten Namen der Sklaverei geben, denn wenn er auch nicht der Sklave eines einzelnen Herrn ist, ist er doch der Sklave der Gesellschaft und erhält seine Freiheit als Privileg und nicht als Recht. Er ist dem Mob ausgeliefert und hat keine Mittel, sich zu schützen.«[51]

In diesem Abschnitt betrachtet Douglass das Wahlrecht als Mittel des Selbstschutzes, als eine Form politischer Handlungsfähigkeit, die schwarze Männer ermächtigen würde, ihre Interessen zu verfolgen. »Der Stimmzettel war ein Werkzeug; sein echter Wert hängt von seinem Gebrauch ab«, lautete diese weit verbreitete Sicht.[52] Selbst der abolitionistische Veteran Wendell Phillips glaubte, dass »ein Mann mit einem Stimmzettel in der Hand Herr der Situation« sei: »Der Stimmzettel bedeutet Chance, Bildung, Fair Play, das Recht auf ein Amt und Ellenbogenfreiheit.« Die schwarze Bevölkerung könnte von nun an ihre Interessen selbst in die Hand nehmen.[53]

Das Wählen als politischer Akt erwies sich als weniger effektiv als gedacht. Tatsächlich war das eine durch und durch gefährliche Annahme. Abolitionisten wie Senator Richard Yates glaubten ganz aufrichtig, »das Wahlrecht wird die Schwarzenfrage beenden; es wird alles regeln. [...] Der Stimmzettel ist der Moses des Freigelassenen.«[54] Das errungene Wahlrecht erlaubte ihm und anderen kriegsmüden Sklavereigegnern, die Schwarzen zu vergessen, weil sie nun, mit dem Stimmzettel in der Hand, alles hatten, um für sich selbst zu sorgen. Zwar mag das Wahlrecht für Schwarze wirklich jede Faser der südstaatlichen Gesellschaftsstruktur berührt haben, aber keineswegs für besonders lange Zeit. Das Wahlrecht vermochte die schwarzen Südstaatler nicht vor den grotesken Anforderungen zur Wahlregistrierung, Tests auf Analphabetismus, Wahlsteuern, Altfallregelungen, weißen Vorwahlen und vielen weiteren Schikanen zu schützen, die sie unmöglich bewältigen konnten.

Als diese Hindernisse bei der Wahl und der Repräsentation durch den *Voting Rights Act* von 1965 und einzelne Gerichtsentscheidungen endlich beseitigt wurden, war die Diskussion auf die Umsetzung bestehender Rechte beschränkt und darauf, Obstruktionen zu beseitigen. Selbst die alte Vorstellung, das Wahlrecht sei grundlegend dasjenige Recht, »das andere zentrale politische und Bürgerrechte bewahrt«,[55] besaß ihre eigenen Unwägbarkeiten. In Wirklichkeit ist dieses Recht nicht deshalb grundlegend, weil es dem einzelnen, allein handelnden Wähler Vorteile und andere Rechte gewährt; das ist nur der Fall, wenn er oder sie als Teil einer Gruppe wählt. Denn obwohl der Zugang zu öffentlichen Leistungen für Schwarze ohne Frage erleichtert wurde, als sie frei waren zu wählen, war das ein kollektiver, kein persönlicher Sieg. Mehr zu versprechen garantiert nur die Enttäuschung der neuen Wähler und lässt das Wahlrecht als eine Geste erscheinen, die sich vergeblicher und frustrierender ausnimmt, als sie in Wirklichkeit ist. Die gesellschaftlichen Umstände des täglichen Lebens von Neuwählern ändern sich durch das Recht zu wählen nicht sofort. Das Stimmrecht mag der notwendige erste Schritt sein, aber für sich genommen ist es nicht genug. Zusätzliche Formen gesellschaftlichen und politischen Handelns sind notwendig, um die Interessen und Rechte normaler Bürger zu vertreten und zu schützen.[56] Das am tiefsten sitzende Motiv, das zur Forderung nach dem Wahlrecht führt, erwächst stattdessen aus der Erkenntnis, dass es sich dabei um das bezeichnende, das wesentliche Merkmal demokratischer Staatsbürgerschaft in Amerika handelt, und nicht einfach um ein Mittel für einen Zweck. Es genügt, mit W. E. B. Du Bois zu sagen, dass »für ein modernes Menschentum das Wahlrecht notwendig ist.«[57] Mehr zu versprechen muss zu Ernüchterung führen; weniger zu sagen dagegen ist unnötig zynisch.

»Wir wollen [das Wahlrecht]«, schrieb Douglass, »weil es zuerst und vor allem unser *Recht* ist. Keine Menschenklasse kann sich, ohne ihre eigene Natur zu beleidigen, mit einem Raub ihrer Rechte zufriedengeben. Wir wollen es, um ein Mittel zur Erziehung unserer Rasse zu besitzen. Die Menschen sind so beschaffen, dass sich die Überzeugung ihrer eigenen Möglichkeiten vor allem an den Einschätzungen anderer ausbildet. Wenn von einem Volk nichts erwartet wird, dann wird es ihm schwer sein, gegen diese Erwartung anzukommen. Indem ihr uns des Wahlrechts beraubt, bekräftigt ihr unsere Unfähigkeit, intelligente Urteile zu fällen, die

die öffentliche Maßnahmen respektieren.« In einer Monarchie würde es keinen Unterschied machen, ob er, zusammen mit allen anderen, wählen dürfte oder nicht, aber wo der Staat auf der Idee eines allgemeinen Wahlrechts aufbaut, »bedeutet uns auszuschließen uns zu einer Ausnahme zu machen, uns mit dem Brandmal der Minderwertigkeit zu zeichnen.«[58] Man kann sich keine deutlichere Artikulation der Idee von Staatsbürgerschaft als Stellung vorstellen. Das ist kaum verwunderlich, hat doch die Furcht vor der Sklaverei immer den Kern dieser besonderen Konzeption von Staatsbürgerschaft ausgemacht. Und wer könnte das besser zum Ausdruck bringen als ein ehemaliger Sklave in Amerika?

Hatte der fünfzehnte Zusatzartikel bei weitem nicht genug für die schwarzen Wähler getan, so war seine Wirkung auf Frauen gleich null. Das Ergebnis war bitterer Groll. Die Bewegung zur Einführung des Frauenwahlrechts war direkt aus dem Abolitionismus hervorgegangen, aber als die entrechteten Frauen sahen, wie schwarze Männer ein Recht erwarben, dass ihnen immer noch verweigert wurde, gewann ihr tiefsitzender Rassismus schnell die Oberhand und verschärfte sich noch, als sie versuchten, die Unterstützung der Frauen in den Südstaaten zu gewinnen. Dieses unschöne Kapitel in der Geschichte der Frauenrechtsbewegung ist für meine Darstellung besonders relevant, weil es die Schattenseite der Staatsbürgerschaft als Stellung beleuchtet. Frauen hatten allen Grund, sich hintergangen zu fühlen und ihr Zorn war kaum unberechtigt, aber in den Vorurteilen ihrer Klasse und ihrer Zeit befangen, beurteilten sie ihren eigenen Wert anhand der vorherrschenden Maßstäbe. An diesen gemessen waren sie besser als viele Männer, die das Stimmrecht besaßen, und ihre Entrechtung war ein Affront gegen ihre gesellschaftliche Stellung.

Gesellschaftliche Stellung hat im Allgemeinen nichts mit Gleichheit zu tun. Es gibt nichts, was weniger gleich verteilt wäre als der Respekt und das Prestige, das einem die Gesellschaft entgegenbringt. Nur Staatsbürgerschaft, verstanden als natürliches Recht, verspricht in einer Demokratie die gleiche politische Stellung. Freilich ist es immer möglich, den Anspruch auf das Wahlrecht mit höherer, anstatt mit gleicher Stellung zu begründen, wie es die Vertreter von Besitzvoraussetzungen in der Vergangenheit getan hatten. Die Frauen, die das Wahlrecht verlangten, waren der Meinung, dass ihrer Sache besser gedient wäre, wenn sie es als ein Privileg behandelten, das gebildeten und angesehenen Personen vorbehalten sein sollte, wie ihren eigenen Mittelschichtspersönlichkeiten. Vergebens machte Douglass, der ihr Unterstützer war, darauf aufmerksam, dass die freigelassenen Sklaven das Recht zu Wählen nötiger hatten, verglichen mit den vielen Vorteilen, die diese Frauen genossen. Sie verstanden den Unterschied nicht zwischen einer Person, die alle Privilegien legaler Staatsbürgerschaft mit Ausnahme des Wahlrechts genießen kann, und einer Person, die, wie es im Dred-Scott-Urteil heißt, keine Rechte besitzt, die ein Weißer respektieren muss.[59]

Als Wendell Philips sagte, »jede Frage zu seiner Zeit. Diese Stunde gehört den Schwarzen«, verließen die Suffragetten den Saal.[60] Sie hielten ihre Stellung für höher als die eines schwarzen Mannes und handelten dementsprechend. Das war kurzsichtig. Nachdem sie selbst so oft vom Wahlrecht als einem Privileg gesprochen hatten, als sie sich selbst mit Freigelassenen oder neuen Einwanderern verglichen, durften sie kaum überrascht sein, als ihnen die Gerichte 1875 erklärten, dass es sich tatsächlich nicht um ein Recht handelte und sie daher darauf verzichten konnten, weil sie bereits alle Bürgerrechte besaßen.[61]

Stellung war für die Frauenrechtsbewegung sehr viel wichtiger als für ihre Vorgänger in den Kämpfen um das Wahlrecht, und doch wies diese letzte der Stimmrechtskampagnen einige völlig neue Züge auf. Zum einen war Sklaverei nach der Emanzipationserklärung endlich zu einer Metapher geworden. Politische Ungleichheit hatte überlebt und sie war für Frauen besonders ärgerlich in einem Land, in dem nun jeder Mann das Wahlrecht besaß und es nicht zu besitzen hieß, kein ganzer Mensch zu sein. Sie waren sicher keine Sklavinnen, aber doch politisch erniedrigt. Wie es Elizabeth Cady Stanton formulierte: »Ihnen die politische Gleichheit zu verweigern bedeutet, die Ausgeschlossenen zu berauben: ihrer Selbstachtung, ihrer wirtschaftlichen Glaubwürdigkeit, ihrer Entlohnung in der Welt, ihrer Stimme bei der Wahl derer, die das Recht machen und anwenden, der Wahl der Geschworenen, die über sie richten, und des Richters, der ihre Strafe bestimmt.«[62] Nicht gehört zu werden heißt nicht zu existieren, nicht sichtbar und politisch ortlos zu sein.

Freilich gab es auch einige Argumente, die die Frauen in der Tat nicht vorbringen konnten. Weder waren sie Bürger-Soldaten noch wollten sie es werden, wie es ihnen heute möglich ist. Stattdessen betonten sie ihren Beitrag zur Kriegsanstrengung des Nordens,[63] aber das war kein völlig zufriedenstellender Ersatz. Was die alte Behauptung anging, sie seien die Mütter republikanischer Helden, so hatte sie die Frauen in Theorie und Praxis nur an den Haushalt gefesselt.[64] Für die Radikalen unter ihnen war das eine unbrauchbare These und wurde von ihnen nicht wiederbelebt. In der Tat waren Argumente, die sich auf Tugenden beriefen – ein fester Bestandteil konservativer Rhetorik – für

Frauen besonders problematisch. Wenn sie auch ohne das Wahlrecht die besseren Menschen waren, wozu sollte man es ihnen dann zugestehen? Sowohl Stanton als auch Susan B. Anthony argumentierten, dass, wo schon Afrikaner, Iren und andere minderwertige Fremde das Recht zu wählen besaßen, wieso dann nicht auch »Frauen von Besitz, Bildung, Tugend und Vornehmheit?«[65]

Natürliche Rechte und die Unabhängigkeitserklärung wurden von den Frauen auch weiterhin in Anspruch genommen, aber die zweite Hälfte des neunzehnten Jahrhunderts war diesen Überresten der Aufklärung insgesamt nicht sonderlich gewogen. Sozialdarwinismus, an Gesundheit und Hygiene orientierte Reformbestrebungen und der *Social Gospel*[66] waren dezidiert undemokratische Wege in Richtung Fortschritt, und die Frauenrechtsbewegung wurde ein Teil dieser intellektuellen Mehrheitsmeinung. Auch der Liberalismus hatte sich verändert und von bürgerlichen Freiheiten abgewandt hin zur Sorge um Selbstentwicklung und die Bildung der eigenen Individualität. Für Frauen, denen es um das Stimmrecht ging, war es inzwischen lediglich zu einem Schritt in Richtung der Erfüllung solcher ausgesprochen persönlichen Ziele geworden. Wenn der Ruf *no taxation without representation*[67] den radikaleren und ökonomisch scharfsinnigeren Feministinnen noch etwas galt, bedeutete er nun weniger als die sehr viel persönlichere Forderung, als einzigartiges Individuum anerkannt zu werden, das sich selbst im Öffentlichen wie im Privaten bedeutsam ausdrücken konnte. Sicherlich spiegelte diese Ideologie auch die häusliche Situation dieser Frauen wider, mitsamt den erstickenden Mythen, die sie umgaben. Die eigentliche Ironie bestand darin, dass den Frauen, weil sie die vorherrschende Haltung ihrer Zeit und ihrer Umgebung angenommen hatten, der endgültige Sieg keine erkennbare politische Veränderung brachte. Als Frauen endlich an die Urnen durften, stellte es sich als eines der unspektakulärsten Ereignisse unserer Wahlgeschichte heraus. Frauen wollten ihre Stellung als Bürgerinnen, aber weder waren sie eine von außen zugeschriebene gesellschaftliche Gruppe noch eine distinkte politische Klasse. Sie waren ganz einfach wie die Männer ihrer Familien – hinreichend gute Bürgerinnen, nicht mehr und nicht weniger.

Anders als den Schwarzen wurde den Frauen nie wieder das Wahlrecht entzogen, aber das änderte nichts Grundlegendes an ihrem gesellschaftlichen Leben. Diejenigen Mitglieder der Wahlrechtsbewegung, die darin ein Mittel zu gesellschaftlicher Veränderung erblickt hatten, waren einer unrealistischen Erwartung aufgesessen. Zudem hatte das Wahlrecht die gesellschaftlichen Chancen von Frauen nicht verbessert. Was es aber leistete, war, das Stigma zu entfernen, das besonders schwer auf ihnen lastete. Dazu war es wegen des Versprechens der Demokratie in der Lage und wegen des Wissens, dass sie, zumindest in einer Hinsicht, das erniedrigende Los der Sklaven geteilt hatten, deren halb-emanzipierte Nachfahren nicht vollkommen unsichtbar oder zu ignorieren waren. Vor allem die Ablehnung aller erblicher Sonderstellungen – der Kern des politischen Credos Amerikas – machte die Entrechtung aus Gründen von Hautfarbe oder Geschlecht inakzeptabel. Von Anfang an war es allgemein anerkannt, dass es in Amerika keine Adelstitel und keine vererbten politischen Privilegien geben sollte. Rasse und Sklaventum sind aber erbliche Zustände und als Frau wird man geboren. All dies sind Geburtsmale, und man konnte das Geburtsrecht amerikanischer Bürger nicht für immer einschränken.

Trotz all der Hindernisse, die ihm Ungerechtigkeiten und vielfältige Diskriminierungen in den Weg legten, wurde das Wahlrecht schließlich erlangt – nicht aber jenes andere Merkmal gleicher Staatsbürgerschaft, die Möglichkeit, den eigenen Lebensunterhalt zu verdienen. Die *Great Society*[68] war ein Triumph für das Stimmrecht, aber ihrem Kampf gegen Armut und Arbeitslosigkeit war kein Erfolg beschieden. Alle erwachsenen Amerikaner sind heute Wähler, gleich in ihren jeweiligen Stimmbezirken, aber sie sind nicht in der gleichen Weise unabhängig, und zu viele von ihnen verdienen nichts.

II

Verdienen

Moderne Staatsbürgerschaft ist nicht auf politische Aktivitäten und Anliegen beschränkt. So wichtig Regierungsverwaltung, Militärdienst und Steuerzahlen auch sind, haben sie nicht annähernd dieselbe Bedeutung wie die Unternehmungen, die Hegel die »bürgerliche Gesellschaft« nannte.[1] Amerikanische Staatsbürger finden ihren gesellschaftlichen Platz, ihre Stellung, die Zustimmung ihrer Mitmenschen und womöglich auch etwas ihrer Selbstachtung im Markt, im Bereich von Produktion und Handel, in der Welt der Arbeit in allen ihren Formen, sowie in freiwilligen Vereinigungen.[2] Die Sphären, die jeweils als privat oder als öffentlich ausgezeichnet sind, verschieben sich ständig, und die bürgerliche Gesellschaft, die beide verbindet, hat keine fixen Konturen. Sie wurde in Amerika im Allgemeinen als der Bereich privater Entscheidungen interpretiert, aber Rechtsstruktur, Bedeutung und Charakter dieser Transaktionen sind öffentlich, und sie haben Auswirkungen auf die gesamte Republik. Wirtschaftliche Ansprüche und Handelsgeschäfte sind letztlich öffentlichen Auflagen unterworfen, desgleichen die Tätigkeiten der vielen freiwilligen Organisationen, die immer schon Teil des öffentlichen Lebens der USA gewesen sind. Das Verdienen und das Ausgeben von Geld sind kaum private Angelegenheiten in der Weise, wie es das Gebet oder die Liebe sein mögen.

Der einzelne amerikanische Staatsbürger ist in Wirklichkeit Mitglied zweier miteinander verzahnter öffentlicher Ordnungen – die eine egalitär, die andere völlig ungleich. Um ein als solcher anerkannter und aktiver Bürger zu sein, muss man ein gleichrangiges Mitglied des Gemeinwesens sein – ein Wähler –, aber ebenso muss man über Unabhängigkeit verfügen, die seit Anbeginn darin bestand, ein »Verdiener« zu sein, ein freier bezahlter Arbeitnehmer, jemand, der für seine tatsächlich geleistete Arbeit entlohnt wird, nicht für mehr und nicht für weniger. Er darf weder Sklave sein noch Aristokrat.

Aristokraten wie Sklaven sind Anomalien in einer Republik gleichrangiger Bürger. Aristokraten werden von der Verfassung verboten, die Adelstitel und alles, was sie einschließen, ächtet. Aristokratische Ambitionen und Ansprüche verschwanden in Wirklichkeit allerdings nicht aus der bürgerlichen Gesellschaft; viele reiche Amerikaner sehnten sich weiterhin nach europäischen Distinktionen. Aber diese Allüren waren nicht annähernd so bedeutsam wie die Sklaverei, ein privater wie öffentlicher Fluch, der die Politik dieser modernen Republik von

Anfang an verzerrte. Die bösen Folgen der Sklaverei zeichnen sie noch immer, lange nach ihrer rechtlichen Abschaffung. Diese Widersprüche bildeten den Kontext, in dem sich das Ideal des unabhängigen Bürger-Verdieners entwickelte, und gegen beide mussten diejenigen, die es erlangen wollten, ihre Stellung durchsetzen. Die amerikanische Arbeitsethik, die so vielen gesellschaftlichen Beobachtern heute ausgesprochen merkwürdig erscheint, wird völlig verständlich, wenn man sie nicht als Ausdruck der Klassennormen vorindustrieller Handwerker und Arbeiter versteht, sondern als Ideologie von Bürgern, die sich zwischen den Fronten rassistischer Sklaverei und aristokratischer Anmaßungen eingekesselt sahen. Diese Arbeitsethik hat überdauert, weil die politischen Bedingungen, auf die sie von Beginn an reagierte, nicht verschwunden sind. Als nicht weniger beharrlich hat sich der Traum beruflicher Selbstständigkeit erwiesen, der geradezu den Gipfel gesellschaftlicher Unabhängigkeit darstellt.

Die Männer, die diese Arbeitsethik im jacksonianischen Amerika formten, gingen diesen Tatsachen nicht aus dem Weg. Ganz im Gegenteil waren sie ihrer gewahr und wussten um die Neuheit der Gesellschaft, die sie schufen. Sie verstanden sich als neue Menschen, geboren in einer neuen und unvollkommenen Republik, und das sprachen sie auch aus. Sie schätzten ihre Situation, zwischen den gleichermaßen inakzeptablen Bedingungen müßiger Eliten und unbezahlter Sklaven, völlig richtig ein. Dieses Verständnis hat überlebt, weil es noch immer plausibel ist. Das legt nahe, dass in dieser fortlebenden Ideologie ein implizites Recht auf Arbeit zu finden ist.

Der neue amerikanische Bürger war von Anfang an ein moderner und kein klassischer Republikaner. Traditionell war man davon ausgegangen, dass Republiken tugendhafte, vollends der Öffentlichkeit dienende Staatsbürger benötigten, um frei zu bleiben. Als 1787 die moderne erweiterte, repräsentative Republik ins Leben gerufen wurde, beruhte sie jedoch nicht auf Tugend, sondern auf unabhängigen Akteuren und dem freien Spiel ihrer Interessen. Sie sollte so, zum allgemeinen Nutzer aller, dem Muster unbeschränkter religiöser Gruppenbildung folgen. Die berühmteste Verteidigung dieser Auffassung von Staatsbürgerschaft findet sich in James Madisons Beiträgen zu den *Federalist Papers*, aber bald wurde sie, durch andere Formulierungen unterstützt, zur herrschenden Meinung, während sich die antiföderalistischen Ängste nach und nach legten. Man war sich einig, dass eine repräsentative Demokratie auf der reibungslosen Interaktion vielfältiger Interessen beruhen müsse, um frei zu funktionieren, und dass diese Interessen die Wirtschaft oder bestimmte Gesellschaftsgruppen beträfen. Interessen zu haben und über garantierte Rechte zu verfügen, die diese Interessen zu verfolgen erlauben, kann man beim besten Willen nicht ›Tugend‹ nennen, aber es impliziert doch, dass die Träger dieser Rechte über eine anerkannte öffentliche Stellung verfügen. Derartige Staatsbürger müssen in ihren politischen und bürgerlichen Rollen gleichermaßen unabhängige Personen sein, die ihren Vertretern und den politischen Parteien nach eigenem Ermessen ihre Stimme geben und entziehen, und zugleich zwar ihre Arbeitskraft, nicht aber sich selbst verkaufen. Kein Sklave kann Interessen haben, weil er über keine öffentliche oder bürgerliche Stellung verfügt. Ebenfalls sind in dieser Argumentation die Ansprüche politischer Monopolisten abzulehnen, weil sie die gesamte politische Ordnung frei konkurrierender Interessen bedrohen.

Interessen und Ideologien, die darauf abzielen, die Republik zu zerstören, dürfen so verstanden ebenfalls nicht anerkannt werden, selbst wenn die Einzelpersonen oder Gruppen, die sie vertreten, in der Regel nicht verboten werden können. Von Anfang an fürchteten Amerikaner die verschwörerische Kabale von Aristokraten und Monarchisten, und bald gesellte sich die Furcht vor Jakobinern und anderen europäischen Revolutionsideologien hinzu. In der Ära Jacksons flammte die Sorge vor einer neuen Aristokratie der Monopolisten und vor allem jener, die die Bank der Vereinigten Staaten leiteten, mit außerordentlichem Nachdruck auf.[3] Die Kampagne gegen die Bank und der lange Kampf für ein allgemeines Wahlrecht für weiße Männer erzürnte Viele, aber gleichermaßen schuf sie eine Ideologie der Arbeit, die ihre Vorrangstellung nie wieder einbüßen sollte.

Im Gefolge der jacksonianischen Durchsetzung des demokratischen Credos bekam Amerika zwar kein egalitäres, aber ein republikanisches Ethos. Es sah die Unabhängigkeit der arbeitenden und verdienenden Vielen ständig bedroht – am einen Ende des Spektrums von den müßigen und aristokratischen Wenigen und am anderen Ende von der Sklaverei. Beides waren Anomalien in einer Republik, die auf der Grundannahme beruhte, dass unabhängige Bürger in einer republikanischen Wirtschaft handelten, in der jeder eine gleiche Chance besaß, mittels eigener Anstrengung voranzukommen und sein Brot ohne Furcht und ohne unfaire Bevorzugung zu verdienen. Diese Vision ökonomischer Unabhängigkeit, eines »Verdienens« nach eigenem Ermessen als ethische Basis demokratischer Staatsbürgerschaft, nahm die Stelle einer veralteten Vorstellung öffentlicher Tugend ein und hat bis heute ihre große Anziehungskraft nicht verloren. Wir sind nur Bürger, wenn wir »verdienen«.

Die aus dem 19. Jahrhundert stammende Ideologie, die diese öffentliche Sicht auf das Verdienen in Amerika im weitesten Sinne ursprünglich unterstützte, ist treffend »Parallelismus« genannt worden.[4] Der einzelne Bürger möge erwarten können, seine soziale Position durch harte Arbeit zu verbessern, weil er in einer demokratischen und stets sich weiter fortentwickelnden Gesellschaft lebe und ununterbrochener gesellschaftlicher Fortschritt wiederum dadurch gesichert sei, dass Amerikaner hart arbeitende und mit Bürgersinn ausgestattete Demokraten sind. Sie schafften den öffentlichen Wohlstand, an dem beteiligt zu sein ein jeder von ihnen hoffen dürfe. Niemandem kam es in den Sinn, die Arbeitswerttheorie infrage zu stellen, der zufolge aller Wohlstand auf Arbeit beruht. Die Bürger erwarteten, von den Produkten ihrer Arbeit zu profitieren. Wollte er Gewinn erzielen, musste er produzieren, je mehr desto besser, sowohl für sich selbst und seine Familie als auch für die Republik als Ganzes.

Die Arbeitssucht, die auf diese Haltung zurückging, fiel allen Besuchern der Vereinigten Staaten in der ersten Hälfte des 19. Jahrhunderts auf. Ähnliches traf auf die Leidenschaft für Geld zu, das, wie die scharfsinnigsten Beobachter bemerkten, nicht nur Bereicherung, sondern auch Unabhängigkeit verhieß – die Freiheit, mit seinem Leben das zu tun, was man wollte. Geld zu haben bedeutet hier, es so ausgeben und sparen und verschenken zu können, wie man möchte, ohne um die Erlaubnis eines Höhergestellten zu fragen. Es hatte jene Position eingenommen, die in aristokratischen Gesellschaften der Ehre zukam.[5] »Gleichheit macht nicht nur die Arbeit selbst, sondern vor allem die Arbeit zum Gelderwerb ehrenhaft«, stellt Tocqueville fest.[6] Tatsächlich hatte die Unabhängigkeit die Ehre als Objekt gesellschaftlicher Hoffnungen ersetzt. Das war eine ausgesprochen radikale Veränderung. Unabhängige Bürger in einer demokratischen Ordnung mussten nun nicht nur für ihre Arbeit respektiert werden, sie hatten auch ein Recht auf Selbstverbesserung, Bildung und ungehinderte Möglichkeiten, sich selbst voranzubringen. Diese Rechte waren teilweise die Erfüllung des Gleichheitsversprechens, das in der Unabhängigkeitserklärung festgeschrieben stand, und teilweise waren sie die notwendige Folge der Pflicht, zum Fortschritt und Wohlstand der Republik beizutragen. Für den einzelnen Bürger bedeutete das auch, dass sein gesellschaftliches Dasein durch das definiert war, was er als Verdienender zum jeweiligen Zeitpunkt seines Lebens tat. In einer solchen Welt ist man, was man tut.

Die schiere Neuheit der Vorstellung, dass Arbeit generell eine Würde besitzt, und dass darin ein wesentliches Element von Staatsbürgerschaft liegt, ist kaum zu überschätzen. Das war einer der vielen Beiträge der Aufklärung zur öffentlichen Kultur Amerikas, die hier sehr viel mehr gepflegt wurde als es in Europa möglich gewesen wäre.[7] In der Vergangenheit war man immer der Ansicht gewesen, dass physische Arbeit uns beschmutzt, dass jene, die arbeiten, unrein sind. Ganz gewiss hielten die Philosophen der Antike produktive und kommerzielle Arbeit für derart erniedrigend, dass sie einen Menschen von der Staatsbürgerschaft disqualifizierte. Diese Haltung erhielt sich über das Ende der Sklaverei hinaus. Die europäische Gesellschaft war jahrhundertelang in drei Stände geteilt gewesen: Gebet, Kampf und Arbeit. Der arbeitende Stand umfasste die verachtete Bauernschaft, die sich kaum von Tieren unterschied. Und biblische Frömmigkeit bot auch keine große Aufmunterung. Wir müssen als Strafe für unsere Sünden schuften, und der paulinische Befehl, hart im eigenen Beruf zu arbeiten, vermindert keineswegs das Gefühl von Schmerz, Beengung und Unterdrückung, das die Verpflichtung, die Bürde der Arbeit zu tragen, mit sich führte.

Von all diesen Beweggründen, Arbeit als Schande und Fluch zu betrachten, hat keiner länger überdauert als ihre aristokratische und intellektuelle Verachtung. Die atavistische Geringschätzung körperlicher Arbeit gegenüber ist nicht ausgestorben. »Im Handwerk« zu sein, war das ganze neunzehnte Jahrhundert hindurch ein wirkliches gesellschaftliches Stigma und wird auch heute in England noch keineswegs bewundert. Man braucht sich nur in Erinnerung zu rufen, dass Grace Kellys Vater nicht bei der Henley-Regatta rudern durfte, weil er als junger Mann mit den Händen gearbeitet hatte. Auch in Amerika war diese Denkweise nicht unbekannt, wie viele verblüffte Besucher feststellten. Ohne Frage hatte es in den USA stets genug quasi-aristokratischen Hochmut gegeben, der Demokraten missfiel. Es liegt eine gewisse Albernheit in der Tatsache, dass die Söhne und Töchter der Amerikanischen Revolution solche kolossalen Snobs sein sollten.

Die Bewunderung für die ererbten »Namen« von Familien, die im allerprimitivsten Glauben an »blaues Blut« wurzelte, hat sich ebenso hartnäckig gehalten wie die Verachtung der Arbeit. Nur das göttliche Recht der Könige und ihre als Gottesstellvertretung verstandene politische Autorität haben das achtzehnte Jahrhundert nicht überlebt. Anders lag die Sache in der politischen Philosophie, in der schon lange Zeit der echte Grund für die Legitimation von Regierungen ihre Nützlichkeit war. Die Gesellschaftspolitik merkantiler Staaten, ob nun protestantisch oder katholisch, hielt Arbeit und Geschäftigkeit hoch, was aber nicht notwendigerweise Auswirkungen auf ihre politischen Werte hatte. In England immerhin tadelten Ökonomen nicht nur die müßigen Armen, sondern auch die müßigen Reichen als »Aussatz der Allgemeinheit«, vor allem im Vergleich mit den hart arbeitenden Niederländern.[8]

In John Lockes Schriften werden wir Zeugen einer noch folgenschwereren Neuerung. In seinem Plan für die Erziehung eines jungen Gentlemen, eines Knaben, der aufwachsen sollte, um ein Mitglied der regierenden Klasse zu werden, spielen körperliche Arbeit und Buchhaltung eine wichtige Rolle. Sie sind nützliche Tätigkeiten, schrieb Locke, und es ist vernünftig und schicklich, nützlich zu sein.[9] Während Regierungen ihre gerechte Macht aus der Zustimmung der Regierten bezögen, war, aus Lockes Sicht, der Zweck von Regierungen, letzteren von Nutzen zu sein. Das sei schließlich auch der Grund, warum sich Menschen überhaupt zur Gründung einer politischen Ordnung entschieden. Die Implikationen dieser Doktrin wurden nur in Amerika völlig akzeptiert, und auch dann nur nach und nach. Dass nichts nützlicher ist als produktive Arbeit, und dass daher auch nichts besser sein kann, war eine derart radikale Idee, die mit tradierten Haltungen derart in Widerspruch stand, dass nur wenige sie wirklich völlig akzeptiert hätten, selbst die nicht, die sie enthusiastisch verkündeten.

Im vorrevolutionären Amerika gab es viele Puritaner, die das Evangelium der harten Arbeit predigten, aber es war Benjamin Franklin, der ihren Wert aus seinem religiösen Kontext herauslöste und ihm eine neue, staatsbürgerliche Bedeutung gab. Max Webers falsche Lesart hat ihn gründlich missverstanden. Weber war von der Beziehung zwischen Protestantismus und Arbeitsethik derart besessen, dass er jede andere Verbindung ignorierte, zu der auch Demokratie und persönliche Unabhängigkeit zählen. Denn warum haben Amerikaner chinesischer, irischer und jüdischer Abstammung ebenso manisch gearbeitet? Doch nicht, weil sie Protestanten waren. Weber konnte in Franklin lediglich einen säkularisierten puritanischen Kapitalisten sehen, für den »das Erwerben als Zweck seines Lebens« galt, welches »gänzlich aller eudämonistischen oder gar hedonistischen Gesichtspunkte entkleidet« war.[10] Tatsächlich war Franklin ein Bonvivant, der sich im Alter von vierzig Jahren von allen Geschäften verabschiedete, um sein Leben anderen Dingen zu widmen. Was seine Vorstellung der Arbeit einzigartig machte, war, dass sie für ihn allein Unabhängigkeit garantieren und eine Quelle des Stolzes sein konnte, *self-made*, das heißt, ein Produkt der eigenen Arbeitskraft zu sein.

Man betrachte etwa sein Testament: »Ich, Benjamin Franklin aus Philadelphia, Buchdrucker, weiland Gesandter der Vereinigten Staaten von Amerika am französischen Hof, nun Präsident von Pennsylvania.«[11] In diesen Worten steckt enormer Stolz, und nicht nur auf seine Errungenschaften, so außergewöhnlich sie auch gewesen waren, sondern auch auf die Tatsache, dass er all dies selbst und durch die Arbeit in einem Beruf erreicht hatte, der die Grundlage allen späteren Ruhmes war. Selbst in den banalen Maximen seines *Poor Richard's Almanach* ist ein kühner Geist zu finden. Willst du frei sein, »diene dir selbst.« »Dein Gläubiger hat die Macht, dich nach seinen Gelüsten deiner Freiheit zu berauben, indem er dich lebenslang ins Gefängnis wirft oder dich als Diener verkauft, wenn du nicht bezahlen kannst. [...] Der Leihende ist dem Verleiher ein Sklave, so wie der Schuldner dem Gläubiger. Verachte die Kette, behalte deine Freiheit und schütze deine Unabhängigkeit.« Willst du dein eigener Herr und Meister sein, sei nicht untätig. »Sei arbeitsam und frei.«[12]

Schließlich wohnte der Idee der Arbeit noch ein bürgerschaftlicher Aspekt inne. Man arbeitete für sich selbst und gleichzeitig für die Gemeinschaft. Die Erfahrung des täglichen Lebens sollte überdies von den Lehrlingen und Gesellen, die Franklin in seinem Netzwerk aus Junto-Clubs organisierte, zu bürgerschaftlichem Nutzen gebraucht werden. Diese Clubs diskutierten zunächst öffentliche Ereignisse und unterstützen später verschiedene Gemeindeverbesserungen in Philadelphia: die erste Leihbibliothek, sauberere und besser beleuchtete Straßen, freiwillige Feuerwehren und so weiter. Der Rotarianismus ist die demokratischste aller nichtöffentlichen bürgerschaftlichen Aktivitäten und sie war Franklins Erfindung. Aber es ist das Zusammenspiel produktiver Arbeit, Selbstverbesserung und einer Sorge um das öffentliche Wohl, die Integration dieser Leben in eine halb private und halb öffentliche Sphäre, die diese Clubs zu solchen beständigen Institutionen werden ließ und ihren besonderen Charakter und ihre Bedeutung ausmachen. Zusammen mit dem Arbeitsplatz bilden sie die bürgerliche Gesellschaft der USA.

Benjamin Franklin wurde der jacksonianischen Jugend als Beispiel vorgehalten, politisch aber war der Autor der Unabhängigkeitserklärung ihr Schutzheiliger im Kampf gegen die »Papieraristokratie«. Was bedeutete Aristokratie den radikalen Journalisten und Politikern der Ära Jacksons? Sie meinte mehr als bloßer Wohlstand. In ihrer demokratischen Definition bedeutete Aristokratie, in den Worten Präsident Jacksons, wesentlich *jedwede* Gruppe, die mittels ihres Reichtums »mehr als ihren gerechten Anteil an Einfluss in politischen Angelegenheiten ausübt«. Nicht Reichtum als solcher war abstoßend aristokratisch, sondern Reichtum, der entweder durch Regierungsbegünstigungen erlangt oder dazu verwendet wurde, politische Macht und politischen Einfluss zu kaufen. Alle Monopolisten und Besitzer von Konzessionen und Freibriefen waren in diesem Sinne Aristokraten, weil sie ihren Wohlstand einer Regierungsbeihilfe verdankten und ihn nicht durch eigene Anstrengungen erarbeitet hatten. Sie erfreuten sich unverdienter Vorteile. Dies sei illegitim oder eine »künstliche Ungleichheit von Wohlstand und Macht«, die zu unterbinden Pflicht einer demokratischen Regierung sein müsse. Allerdings könne, so Jackson, »die Gleichheit von Talenten oder Reichtum nicht durch menschliche Institutionen hervorgebracht werden.«[13] Eine demokratische, egalitäre Regierung einer hoch ungleichen Gesellschaft versucht nicht, die natürliche ökonomische Ordnung zu verändern; aber sie kann rechtliche Privilegien nicht ertragen, die letztlich immer etwas von Adelstiteln haben.

Im jacksonianischen Verständnis begann der europäische Feudalismus mit der Verteilung königlicher Landnutzungsprivilegien und politischer Monopole. Ein »königlicher Bastard«,[14] wie Thomas Paine William den Eroberer nannte, hatte das Land seiner Schlägerbande übergeben. Das ist vielleicht nicht, was uns die besten Historiker des Mittelalters erzählen, aber es bringt alle Befürchtungen dieser republikanischen Bürger auf den Punkt. Wie konnte man die Wiederholung der alten europäischen Muster vermeiden? Und wie konnten die Überbleibsel dieser barbarischen feudalen Vergangenheit ausgemerzt werden? Sogar Emerson fürchtete, dass »selbst unsere Regierung noch an diesem Element« des Feudalismus teilhabe, weil »es dem öffentlichen Geist an Selbstachtung ermangelt«.[15] Er zögerte freilich nicht, seinen Mitbürgern den Wert der *self-reliance*, der Selbstständigkeit und Eigenverantwortung beizubringen.

Einem echten jacksonianischen Radikalen war überdeutlich, dass der beste Weg, die Verbreitung solch feudaler Makel zu verhindern, schlicht darin bestand, die Regierung auf ein Mindestmaß zu beschränken. Je weniger Staatsbeamte, desto weniger Steuern, und je geringer die Zahl von Regierungsprojekten, desto weniger Schaden könnte diese Regierung anrichten. Und vor allem bedeute weniger Regierung weniger künstliche Ungleichheit, weil ihr nicht die Möglichkeit gegeben sei, eine Aristokratie müßiger Schmarotzer aufzubauen. Der Präsident aber habe eine neue und wichtige Rolle zu spielen. Er allein repräsentiere das Volk als Ganzes; alle anderen gewählten Vertreter sprächen nur für einen Teil oder eine Partei der Nation. Nur der Präsident könne als Tribun des Volkes agieren und es vor den räuberischen Angriffen der Geld-

elite und der Aristokratie schützen, durch die
der arbeitenden Klassen stets die Gefahr drohe,
»ihren gerechten Anteil an der Regierung« zu
verlieren.[16] Der unabhängige Geist und die
Rechte der tüchtigen Klasse würden von listigen
und arbeitsscheuen Bankern geschwächt und es
sei das Amt des Präsidenten, die Rechte demokratischer Bürger gegen diese Bedrohung zu verteidigen.

Der Aristokrat sei nicht nur ein politischer
Monopolist, sondern zudem für die Republik
eine moralische und kulturelle Bedrohung. Der
Aristokrat sei müßig und verachte die Arbeit. Die
bloß Reichen seien nicht zu beanstanden, aber
die »untätigen Reichen« unerträglich. Der große
Graben in der Menschengesellschaft bestand
für die Jacksonianer nicht zwischen Arm und
Reich, sondern zwischen den »Machern« und
den »Taugenichtsen«. Nicht zu arbeiten erschien
nicht nur in sich unmoralisch, es war auch Ausdruck einer gesellschaftlichen Ideologie, einer
Verachtung der Arbeit. Jacksonianische Demokraten waren sich der Traditionen, die Arbeit als
schmutzig betrachteten, sehr bewusst. Darum
bestanden so viele darauf, dass »wir mit *We the
people* ausdrücklich jene Klasse meinen, die mit
ihren Händen arbeitet«.[17]

Die Demokratische Partei Amerikas bestand
William Leggett zufolge aus Produzenten, während die Aristokraten reiche und stolze Kon-

sumenten waren. Die arbeitende Klasse stellte die Mehrheit und ihr »einziger Verlass« war die Rechtegleichheit. Diese allein stand zwischen ihnen und der Aristokratie der »Kapitalinteressen« und des müßigen Reichtums.[18] Für Stephen Simpson, einen anderen jacksonianischen Journalisten und erfolglosen Politiker, bedeutete die Unabhängigkeitserklärung, dass »für den Bürger der Vereinigten Staaten Arbeit politisch weder Ausschluss noch Stigma« bedeute. Tatsächlich aber sei dieses Versprechen nicht Wirklichkeit geworden, denn solange es feudale Vorurteile und Sklaverei in Amerika gebe, werde Arbeit verachtet und hätten Aristokraten Gelegenheit, müßige Manieren und monopolistische Privilegien in ein Land einzuschleusen, das errichtet worden war, um beide abzuschaffen. Nur eine radikal reformierte Bildung könne den »Berufsdünkel« beseitigen.[19]

Hier wurde die Verbindung zwischen Arbeit, Demokratie und öffentlicher Erziehung zu einer kohärenten Ideologie geschmiedet, die ihre eigene Geschichte, Politik und Zukunftsvision hat. Zudem spiegelte sie die Verhaltensweisen und Sehnsüchte einer breiten Öffentlichkeit wider. Ein europäischer Besucher der USA schrieb, dass »das Leben in Amerika entzückend ist den Augen desjenigen, der die Arbeit allem anderen vorzieht und dem die Arbeit den Platz aller anderen Dinge einnehmen kann. [...] Die

Lebensgewohnheiten sind ausschließlich die arbeitender Menschen. [...] Weh dem, der untätig und unproduktiv ist. Arbeite und du wirst reich sein.«[20] Jeder sei auf Geld aus und scheine davon überzeugt, wie es der *Cleveland Leader* formulierte, dass »man besser tot als müßig« ist.[21] Das herrschende Prinzip einer Nation arbeitender Republikaner bestand darin, nützlich zu sein, aber viele Demokraten waren weit davon entfernt, sich Illusionen über die Loyalität ihrer reichen Mitbürger diesem Ethos gegenüber hinzugeben.

Jacksonianische Demokraten betrachteten die Würde der Arbeit als Grundüberzeugung eines politischen Kampfes, weil es Amerikaner gab, die ihre Verachtung für ehrliche Arbeit offen zur Schau stellten. Auch seien sie nicht ehrlich, diese »rüschenbehemdeten Thekenhüpfer, die in Geld schwimmen, das sie durch gerissene Geschäfte angehäuft haben und [...] die zu fürstenhaften Herrschaften wurden.«[22] Diese Faulenzer hätten sich nicht nur zusammengetan, um ihre Monopole zu verteidigen, sondern, um sich vom Volk abzugrenzen. Sie »sind beschäftigt, ohne zu arbeiten«, stritten ab, dass aller Wohlstand von denen kommt, die produzieren, und betrachteten Wohlstandsproduktion als beschämend. Amerikanische Arbeiter begannen überdies gute und sehr spezifische Gründe für ihre Sorgen angesichts der Europäisierung Amerikas zu haben. Die ersten Fabrikarbeiter in Neuengland konnten sehr berechtigt befürchten, dass die Aristokraten Lowell, Massachusetts, zu einem neuen Manchester machen würden.[23]

Um das Unheil europäischer Entwürdigung und das Gespenst künstlicher Ungleichheit im Allgemeinen zu vermeiden, müsse es nicht nur weniger Regierung geben, sondern auch sehr viel mehr *kostenlose* Bildung. Das war die eine öffentliche Tätigkeit, die Demokraten nicht in Sorge versetzte. Bildung verstand man ganz und gar als Teil von Staatsbürgerschaft. Sie sollte die Jugend demokratisieren und aristokratische Neigungen verhindern.[24]

So wichtig Bildung für den demokratischen Status auch war, so war sie doch kein Ersatz für den persönlichen Einsatz im Kampf des täglichen Lebens. Nichts war demokratischer als das Ideal des *self-made man* – was nicht unbedingt den Mann bezeichnen musste, der nur durch harte Arbeit ein Vermögen aufbaut, sondern viel allgemeiner das Modell eines vollkommenen menschlichen Charakters meinte, den man als *Young America* bezeichnete. Dieser wirklich neue Mensch, den Emerson idealisierte, ist jung, ohne Erbe und hat keine feste Position in der Gesellschaft. Er klebt nicht an einer einzigen Rolle in seinem Leben und lehnt alle Versuche ab, ihn auf einen Ort einzuschränken und an einen Status zu binden. Er ist selbstständig und eigenverantwortlich, weil er gesellschaftlich ungebunden ist, ganz selbstgeschaffen und Herr vieler Fähigkeiten. »Wer weiß, wie viele Franklins unter euch sein mögen?« fragte der Präsident der New York Mechanics Society in den 1830ern. »Eure Möglichkeiten sind groß und reichhaltig. Dies ist ein Land voller *self-made men* und man kann über den Zustand einer Gesellschaft nichts Besseres sagen.«[25] Für einen echten jacksonischen Idealisten und wahren demokratischen Radikalen war diese Gesellschaft freilich noch nicht annähernd offen genug.

Unter anderem benötigten die Arbeiter eine eigene Geschichte, sollten sie die respektable Stellung erlangen, zu der sie ihre Arbeit berechtigte. Diese Geschichte solle mit der Anerkenntnis beginnen, dass es nur die »mechanischen Künste« gewesen seien, die den Menschen über die Tiere erhoben hätten. Nicht der Besitz, sondern diese »mechanischen Künste« hätten uns zivilisiert. Geschichte werde von den Produzierenden gemacht, nicht den Konsumierenden, so, wie der Westen des Landes ganz offensichtlich durch die fleißigen Vielen vorangebracht werde. Es habe ohne Frage Fortschritt gegeben, vor allem in der modernen Welt, nicht aber durch berühmte Wissenschaftler, sondern durch Ingenieure und Mechaniker. Die Druckerpresse, die »Bewahrerin aller Künste«, sei von einem Mechaniker erfunden worden. Genauso verhalte es sich mit dem Kompass der Seeleute, ohne den Amerika nicht hätte entdeckt werden können. Desgleichen die Dampfmaschine, wiederum das Werk eines Handwerkes, das das Leben so viel einfacher gemacht habe. Geschichtsbücher sollten auch betonen, wie viele der dekorierten Generäle und Staatsmänner der Revolutionszeit ihre Leben als Schmiede, Buchbinder und andere Handwerker begonnen hatten.

Das Ziel einer solchen Geschichtsschreibung bestehe darin, die arbeitende Jugend Amerikas daran zu erinnern, welchen Platz sie in ihrem Land und in der modernen Welt tatsächlich einnimmt, sodass sie daraus das Beste machen kann. Das Einzige, an dem es ihnen nicht mangele, seien Chancen und Möglichkeiten, aber sie bräuchten ein besseres Bewusstsein ihres eigenen Wertes, und eine solche Geschichte des normalen Volkes werde sie ohne Frage bestärken. Man sieht, welche zentrale Stellung die Technik als der Schöpfungsursprung, die große historische Leistung und die beste Hoffnung der Arbeitenden Amerikas betrachtet wurde. Sie würde ihnen und allen das Leben erleichtern und gleichzeitig ihre Arbeit wertvoller, da besser machen. Frei von Nostalgie, schien das technische Zeitalter voller Möglichkeiten.

Diese jacksonianischen Demokraten standen der Sklaverei prinzipiell ablehnend gegenüber, aber sie waren nicht nur keine echten Abolitionisten, sondern zürnten den Sklavereigegnern oft, die sie verdächtigten, die Aufmerksamkeit von den Entwürdigungen abzulenken, die die Arbeiter der Nordstaaten zu erleiden hatten. All ihrem Rassismus zum Trotz sahen sie vollkommen klar, dass die Sklaverei mehr als jede andere Institution dazu beitrug, Arbeit verachtenswert zu machen. Das Wort ›Sklaverei‹ jagte den Arbeitern Angst ein. »Weil Knechtschaft den Menschen entehrt, beengt und entartet, wird auch die Arbeit von dieser Schande getroffen, denn sie gehört zum Sklaven.« Wo es Sklaverei gibt, wird körperliche Anstrengung mit Minderwertigkeit assoziiert.[26] Dass die Plantagenbesitzer der Südstaaten Aristokraten waren, die nicht in eine republikanische Staatsorganisation passten, hatten die Sklavereigegner schon lange für selbstverständlich erachtet. Der Antiföderalist Richard Henry Lee hatte sie als verbrauchte und untätige Aristokratie bezeichnet, Jefferson ihr despotisches Temperament beklagt und jeder europäische Besucher ihr feudales Gebaren bemerkt.[27] Unter Abolitionisten war es allgemein anerkannt, dass die Plantagenbesitzer bösartig, fahrlässig, träge, verweichlicht und ungebildet waren, und zwar wegen ihrer selbstauferlegten Zwangsfaulheit. Auch sie waren Opfer des Sklavereisystems.[28]

Das Gespenst der Sklaverei konnte im Norden nie völlig verscheucht werden; es war Quelle einer stets präsenten Furcht. Als das System der Lohnarbeit unter Beschuss geriet, wurde die Abhängigkeit der Arbeiter sofort mit der der Sklaven verglichen. Auch waren die Verteidiger südstaatlicher Sklaverei kaum dazu geeignet, für Beschwichtigung zu sorgen. George Fitzhughs *Cannibals All!* beschrieb die Südstaatensklaven als Kapitalinvestition, die ihr Besitzer sorgsam hegt. Ihr Schicksal sei daher sehr viel glücklicher als das der »weißen Sklaven« im Norden, die als Lohnarbeiter gefühlloser Armut ausgesetzt seien. Es überrascht kaum, dass Fitzhugh in den Nordstaaten nicht sonderlich beliebt war. Die Arbeiter mochten sich darüber beklagen, Opfer von »Lohnsklaverei« zu sein, aber die Unterstellung, sie wären als *echte* Sklaven, als eine Kapitalform, besser dran, sagte ihnen nicht zu. Sie protestierten gegen die Arbeitsbedingungen, die sie zu ertragen hatten, und lobten nicht etwa die Sklaverei. Der Prediger Orestes Brownson sprach nicht zu den Arbeitern im Norden, sondern zu den Gentlemen im Süden, als er die Südstaatler für ihre Ehrlichkeit lobte, Sklaven auch Sklaven zu nennen und die Aristokratie als ein Geschenk Gottes zu bezeichnen.[29]

Selbst wenn Sklaverei auf Schwarze begrenzt war, blieb doch die Institution als solche eine Bedrohung. Rassismus reichte nicht aus, um die freien Arbeiter in Sicherheit zu wiegen, und daher hörten viele, als die Sklaverei bis 1858 in vielen Staat Fuß fasste, unausgedrückt die Frage: »Soll Arbeit herabgewürdigt werden?«[30] Arbeit ehrenhaft zu machen war ab 1850 das ganze Projekt der Landreform-Partei und der Republikaner. Niemand bezweifelte, dass Arbeit Tätigkeit gegen Einkommen bedeutete und dass sie die Amerikaner zu aufgeweckten und intelligenten Bürgern machte, statt zum tumben europäischen Proletariat oder zu Sklaven. Von den unbezahlten Mühen anderer zu leben und die Arbeiter in Vieh zu verwandeln, war der Fluch, der auf der Kultur des Südens lastete. Man wusste auch, welche unerträgliche Ungerechtigkeit es war. Lincoln glaubte kaum, dass eine schwarze Frau mit ihm in allen Belangen auf einer Stufe stände, aber er war überzeugt, dass »sie mir und jedem anderen in ihrem Recht ebenbürtig ist, das Brot zu essen, das sie mit ihren eigenen Händen erarbeitet hat, ohne jemanden um Erlaubnis fragen zu müssen.«[31]

Lincoln ist in diesem Kontext immer der wichtigste Gewährsmann und er bezeugt die Ängste früher Lohnempfänger, sie könnten auf den Status von Sklaven degradiert werden. In einer Rede, die er erst vor einem Publikum aus Bauern und dann, etwas weniger schillernd, vor dem Kongress hielt, lehnte er entschieden die sogenannte Schlammschwellen-Theorie der Arbeit ab: Er wandte sich gegen James Henry Hammond, einen Senator aus South Carolina, der behauptete, dass es »in allen Gesellschaftssystemen eine Klasse geben muss, die die Schmutzarbeit verrichtet, die Schinderei des Lebens auf sich nimmt. [...] Sie ist das im Schlamm ruhende Fundament der Gesellschaft.« Die sogenannten freien Lohnarbeiter seien »im Grunde genommen Sklaven«. Lincoln antwortete, dass ein junger Erwerbstätiger nicht an eine lebenslange Position gebunden sei.[32] Er sei nicht »unter Zwang sein Leben lang« auf den Zustand eines Tagelöhners festgelegt. Für Lincoln, wenn auch nicht für sein gesamtes Publikum, war der Unterschied klar, der zwischen dem Verkauf der eigenen Arbeitskraft und der eigenen Person bestand. Letzteres war keine unveränderliche Lage. Auch hier stand natürlich eine hartnäckige Hoffnung im Hintergrund, die Aussicht auf selbstständige Erwerbsarbeit, darauf, ein unabhängiger Bauer in einer immer noch hauptsächlich landwirtschaftlich geprägten Nation zu sein. Die Verfügbarkeit von billigem Land verlieh dieser Vision immer noch einige Plausibilität. Das strahlende Ideal für viele junge Amerikaner sei es, ein »kluger, mittelloser Anfänger in der Welt« zu sein, der »für eine Weile« gegen Bezahlung arbeitet und der dank seiner Bildung und Selbstdisziplin bald sein eigener Chef wird.

Freie Lohnarbeit hatte aus Lincolns Sicht immer noch ihre alten jacksonianischen Implikationen, was sowohl die Feindseligkeit gegen die Müßigen und die Royalisten im Geiste als auch den Glauben an das amerikanische politische System und den gesellschaftlichen Fortschritt anging, der von Bildung, Arbeit und technischen Neuerungen vorangetrieben werde. Was Lincoln darüber hinaus in einigen brillanten Sätzen klarstellte, ist das Ausmaß, in dem er und seine Zuhörer die Lohnarbeit verdächtigten, Lohnsklaverei und am Ende weißer Sklaverei selbst gleichzukommen. Wenn er in der Lage war, diesen Schrecken bestimmt abzuweisen, dann allerdings nicht nur wegen der offensichtlichen Tatsache, dass die Sklaven unveränderbar an ihren rechtlosen Ort gekettet waren und der Lohnarbeiter nicht, sondern auch, weil er offensichtlich glaubte, dass die Landarbeiter irgendwann ihr eigenes Land besitzen konnten. Und er war dieser Meinung, ohne Jeffersons Annahme teilen zu müssen, dass landbesitzende Freibauern, *yeomen farmers*, die politisch überlegene Lebensform darstellten. Er hielt sie für nicht besser oder schlechter als andere, aber er glaubte schlicht, dass ein weißer Mann, strengte er sich genügend an, auch ein unabhängiger Bürger-Eigentümer werden könne.[33]

Sein Publikum aus verunsicherten Bauern und anderen Lohnempfängern mag weniger zuversichtlich gewesen sein als Lincoln selbst, aber es ist nicht abzustreiten, dass sein Glaube sich sehr hartnäckig gehalten hat, nicht anders als der Rassismus, den er mit seinen Zuhörern teilte. Wie wir wissen, rief der Bürgerkrieg vor allem unter den städtischen Arbeitern des Nordens keine Begeisterungsstürme hervor, und Rassismus war unter ihnen weit verbreitet. Wenn Sklaverei als eine Bedrohung und Anomalie in einer demokratischen Gesellschaft gefürchtet war, dann war der Sklave in Wirklichkeit noch sehr viel mehr verachtet und gehasst. Die Ideologie der freien Arbeit fürchtete die Sklaverei, aber hasste den Sklaven. Doch das allgemeine Ethos der Arbeit war auch unter den Sklaven lebendig, die zudem Lincolns gesellschaftliche Vision teilten: »Wir verstehen unter Freiheit, betriebsam zu sein und diese Betriebsamkeit zu genießen«, erklärte ein Sprecher der freigelassenen Sklaven.[34] Tatsächlich erschien für keine amerikanische Gruppe das Band zwischen Verdienst und Staatsbürgerschaft enger geknüpft zu sein. Als Frederick Douglass seine erste bezahlte Stelle in New Bedford antrat, nachdem er aus dem Süden geflohen war, jubelte er, auch wenn es sich um sehr schwere körperliche Arbeit handelte: »Ich war nun mein eigener Herr – eine aufregende Tatsache [...]. Bei dem Gedanken: Ich kann arbeiten, ich kann für meinen Lebensunterhalt arbeiten, ich fürchte mich nicht vor der Arbeit, ich habe keinen Master Hugh mehr, der mich meines Lohnes beraubt! fühlte ich mich so unabhängig«.[35]

Douglass war so etwas wie der lebende Beweis für die Hartnäckigkeit der jacksonianischen

Ideologie. »Das Einzige, was jeder Mensch auf dieser Welt erwarten, erbitten, geben oder empfangen darf, ist gerechte Behandlung. Wenn die Gesellschaft dies ihren Mitgliedern zugesichert hat und der demütigste Bürger der Republik in den ungestörten Besitz der natürlichen Früchte seiner eigenen Anstrengungen gebracht wird, bleibt für Gesellschaft und Regierung wirklich nur noch sehr wenig zu tun.« Der »Geist der Kaste« war der größte Feind der Schwarzen. »Wir sind gegen jede Aristokratie, sei sie nun eine des Reichtums, der Macht oder der Bildung. [...] Die Gleichheit vor dem Gesetz ist für die Schwarzen das Höchste an politischer Weisheit«, schrieb er 1871.[36] Wenn die Abwesenheit von »vererbten Unterschieden« das Wesen des amerikanischen politischen Erbes war, so musste der Rassismus die Republik entstellen, indem er der Aristokratie Tür und Tor öffnete.[37] Mehr noch, wie Douglass' geistiger Erbe W. E. B. Du Bois fragen würde: »Kann so eine moderne Industrieorganisation im Süden aufgebaut werden, die ja bekanntlich sowohl eine freie demokratische Regierung als auch die Macht und die Fähigkeit der arbeitenden Klassen voraussetzt? Kann dies Erfolg haben, wenn die Hälfte aller Arbeitskräfte ohne Stimme in den öffentlichen Gremien ist und nicht die Macht hat, sich selbst zu verteidigen?«[38] Wenn die Staatsbürgerschaft von Anfang an freie Arbeitnehmer voraussetzte, so brauchte die Industrie nun Bürger. In Wirklichkeit waren beide in den Hoffnungen und Bestrebungen von Sklaven und freien Demokraten stets identisch gewesen.

Es überrascht kaum, dass die Mittelschichtsfeministinnen, die es empörte, aus der Welt der Erwerbsarbeit ausgeschlossen zu werden, sich des engen Bands zwischen Verdienst und Staatsbürgerschaft bewusst waren. Und das Bild des Sklaven war in der Vorstellungskraft der Feministinnen ohne Frage aktiv. John Stuart Mill meinte nach der Lektüre von *Onkel Toms Hütte*, dass er die Unterdrückung verheirateter Frauen als noch schlimmer als die der amerikanischen Sklaven empfand. »Ich bin weit entfernt, behaupten zu wollen, die Frauen würden im Allgemeinen nicht besser behandelt als Sklaven; aber kein Sklave ist Sklave in solcher Ausdehnung und in so vollem Sinne des Wortes, wie es die Frau ist«, schrieb er.[39] Mit amerikanischer Politik eng vertraut, Freund der Abolitionisten und leidenschaftlicher Unterstützer von Frauenrechten, hielt Mill die Analogie zwischen der Unterdrückung der Frauen und der Besitzsklaverei für völlig bestechend. Auf dieselbe Weise konnte die Revolte gegen das Zwillingsübel aus untätigen Herren und Zwangsarbeit, dem der Appell zur Abschaffung der Sklaverei ursprünglich entsprang, auch einen Widerhall unter jenen Frauen der Mittelschicht finden, die darunter litten, zum Nichtstun und der Abhängigkeit von Männern gezwungen zu sein. Auch sie griffen die jacksonianische Ideologie von Arbeit und Unabhängigkeit qua Verdienst auf und bezogen Kraft aus ihr.

Historiker der Arbeiterbewegung haben viel Anstrengung darauf verwendet zu zeigen, wie weit das Ideal des unabhängigen, selbstbestimmten Arbeiters von der Wirklichkeit des industriellen Lohnarbeiters im Amerika der Nachbürgerkriegszeit mit ihren Fabriken und ihrer Arbeitslosigkeit entfernt war. Und sie wussten sich die Tatsache nicht zu erklären, wieso die alte jacksonianische Ideologie selbst dann, als diese Arbeiter ihre Arbeit nur mit dem dafür gezahlten Geld in Verbindung zu bringen begannen, unvermindert fortlebte.[40] Die amerikanischen Arbeiter haben lange und energisch gegen die entsetzlichen Beschwernisse protestiert, die das industrielle System ihnen auferlegte, aber ihre Kämpfe werden durch die Anerkenntnis nicht gemindert, dass zusammen mit ihrer Unzufriedenheit auch die Arbeitsethik als politische Ideologie überlebte. Wenn, wie ich meine, die Quelle der Verdienstideologie nicht in den Arbeitsbedingungen, sondern in politischen Wahrnehmungen zu suchen ist, dann ist ihre Dauerhaftigkeit keineswegs überraschend. Die Verachtung der untätigen Monopolisten und Aristokraten und die Furcht, auf den Zustand eines schwarzen Sklaven oder eines schwarzen Bürgers zweiter Klasse reduziert zu werden, sind nicht verschwunden, denn sie sind in einer fortdauernden politischen Erfahrung begründet. Die Verfassung verbietet noch immer Adelstitel, die untätigen und snobistischen Eliten werden noch immer verachtet und die Erinnerung an die Sklaverei, die durch Rassismus nur noch potenziert wurde, weckt weiterhin vorhersehbare Ängste unter weißen Arbeitern und verfolgt Schwarze noch immer. Diese Interpretation des Verdienstethos erklärt nicht nur seine Zentralität als gesellschaftlichen Wert, sondern stimmt auch mit dem überein, was seine Anhänger einst sagten und noch weiterhin vorbringen.

Aus diesen Gründen also war die Verachtung unproduktiver Aristokraten in den Jahren nach dem Bürgerkrieg ebenso ausgeprägt, wie sie es in der Ära Jacksons gewesen war. Eine für alle sichtbare Plutokratie stand mit ihrem müßigen Luxusleben, ihrer enormen Vulgarität und ihren europäischen Oberschichtsambitionen im Amerika des *Fin de Siècle* in jeder Groschenzeitung vor aller Augen, von den Schriften Mark Twains ganz zu schweigen. In diesem Kontext beklagte der schärfste Gesellschaftskritiker jener Zeit, Thorstein Veblen, ihren unheilsamen Einfluss auf die Organisation des produktiven Lebens der amerikanischen Gesellschaft. In dem Maße, in dem er den jacksonianischen Angriff auf die untätigen Reichen aufnahm, war er, all seinem Ikonoklasmus zum Trotz, ein vollkommen traditioneller Radikaler; dasselbe galt auch für die Feministinnen seiner Zeit.

Charlotte Perkins Gilman und Veblen waren exakte Zeitgenossen und das Evangelium der Arbeit, das sie beide lehrten, war sehr ähnlich.[41] Beide hatten das rechtebasierte demokratische Bekenntnis früherer Generationen hinter sich gelassen. Ihre philosophischen Annahmen gründeten in Vorstellungen von sozialer Evolution, vor allem im Glauben, dass Gesellschaften organische Ganzheiten seien, die natürlichen Entwicklungsgesetzen folgten. Die einzige Aufgabe von Gesellschaftspolitik sei es, mit den Erfordernissen dieser vorab festgelegten dynamischen Ordnung Schritt zu halten. Weil die Geschichte eine stetige Verbesserungsbewegung darstellte, sei jede Gruppe oder Institution, die einen Rückfall in eine frühere Zeit bedeutete und die Anpassung an die Bedürfnisse einer sich ändernden Gesellschaftsordnung verlangsamte, per definitionem ein gesellschaftliches Übel. Natürliche Rechte besaßen in einer Zeit, in der sich organische Notwendigkeit wie eine wissenschaftliche Fundierung progressiver Ethik ausnahm, für Gilman und ihre Zeitgenossen keine intellektuelle Anziehungskraft mehr. Dass diese Überzeugungen ebenso leicht eine liberale wie eine autoritäre Politik unterstützen konnten, wurde erst später deutlich.

Für Gilman war es nicht die intrinsische Würde freier Arbeit, die sie für das Verdienen eintreten ließ. Die Ungerechtigkeit bestand darin, dass der ökonomische Status einer Frau, war er nun hoch oder niedrig, in keiner Beziehung zu ihrer Arbeit stand, die sich auf den Haushalt beschränkte. Das sei auf der Farm nicht der Fall gewesen, wo Mann und Frau wirkliche Arbeitspartner waren, doch es war der Zustand der Mittelschichtsfrauen geworden, die im Wesentlichen als untätige Sklaven lebten. Ihre Situation sei für sie entwürdigend und bedeutete auch eine dysfunktionale Weigerung, die Gesetze der Arbeitsteilung anzuerkennen. Hausarbeit solle von Spezialisten erledigt werden.

In der modernen Welt, mit ihren verwickelten ökonomischen Ordnungen, müsse unsere wirkliche Loyalität überdies unserer Arbeit gelten. Die Pflicht zur Arbeit gehe über alles. Arbeit sei der primäre gesellschaftliche Akt, wenn er den tatsächlichen Notwendigkeiten der Wirtschaftsordnung entspreche. Frauen als ineffektive Hausangestellte oder völlig unproduktive Konsumentinnen seien die Relikte eines überholten Familiensystems, Überreste einer agrarischen oder feudalen Vergangenheit und passten nicht zu einer demokratischen, an effizienter Produktion ausgerichteten Gesellschaft. Kurz, Gilman forderte nicht einfach individuelle

Rechte für Frauen, sondern die Möglichkeit, dass sie als Gleiche am wirtschaftlichen Prozess teilnehmen konnten, denn darin bestehe die Idee der Staatsbürgerschaft sowie ihre Ehren und Pflichten.[42] In dem Maß, in dem sie gegen die Bedingungen protestierte, die Frauen davon abhielten, ihr volles ökonomisches Potenzial zu erreichen, verwies sie auch auf den persönlichen Preis einer verkümmerten Selbstentwicklung, den die Haushaltssklaverei von ihnen forderte. Was diesen Punkt betraf, berief sie sich, trotz ihres evolutionären Historismus, auf einen eher traditionellen Individualismus.

Veblen stimmte Gilmans Forderungen ganz offensichtlich zu. In seinem berühmten Buch *Theorie der feinen Leute* zeigte er ein ungewöhnlich großes Interesse am und tiefe Einsicht in den erzwungenen Müßiggang, gegen den sich gut situierte Frauen zur Wehr zu setzen begannen. Aber er argumentierte sehr viel negativer als Gilman, trat weniger für die Arbeit als gegen den Atavismus der untätigen Reichen ein, gegen jenes Aristokratentum, das die frühen Demokraten so missbilligt hatten. Veblen sorgte sich weniger darum, denen Lohnarbeit zu verschaffen, die sie brauchten, als darum, die primitiven gesellschaftlichen Gepflogenheiten der müßigen Klasse bloßzustellen. Ihr Verbrechen bestehe darin, einer gewerblichen Beschäftigung zugunsten von »Heldentaten« wie Sport oder anderen unnützen und überaus schädlichen Aktivitäten, wie Religion, Krieg oder Regierungstätigkeit, aus dem Weg zu gehen. Gegen sie stehe der »Werkinstinkt« und der Schaffenswille, denen wir all das Beste einer produktiven und kooperativen Gesellschaft verdanken. Das Problem dieser Idee ist, dass sie wahrscheinlich kein Ersatz für die müßigen Werte der Reichen und ihre Aversion gegen alle nützliche Arbeit sein kann.[43]

Anders als Gilman hatte Veblen überhaupt kein Interesse am persönlichen Wert der Arbeit für den Arbeitslosen. Auch schalt er die Reichen nicht als Ausbeuter und Unterdrücker. In seiner Polemik gegen die unproduktiven Reichen sah er sich ganz in der Gesellschaft der orthodoxen Jacksonianer. Ihm ging zwar ihr Optimismus ab, ihr Glaube an den Fortschritt, aber er teilte doch ihre Entrüstung. Allerdings war dies eine Wut, die bald an Bedeutung verlor. Warum sollte man, wie Veblen es tat, den Untergang der Wertarbeit beklagen, wenn davon die Produktion von Wohlstand für alle nicht angetastet wurde? Warum sollten die Reichen arbeiten? Wer hätte davon etwas gehabt? Es gab im Gegenteil eine einflussreiche Bewegung, die die Reichen zu überzeugen suchte, ihre Geschäftigkeit aufzugeben und sich mehr wohltätigen Zwecken, den Künsten in der Verbesserung der Umgangsformen zu widmen.[44] Das Motto »Adel verpflichtet« ist in Amerika freilich nie ein sonderlich populäres Ideal gewesen und Veblen stand fest auf dem Boden seines Landes, wenn er sich auf die Rhetorik der Jacksonianer verließ.

Zumindest Veblen erschien es nur offensichtlich, dass ererbter Reichtum und ererbte Vornehmheit ihren Zauber nicht länger sollten ausüben können. Dass sie es noch immer taten, daran trug für ihn in nicht geringem Maße die akademischen Klasse die Schuld, die die Werte der Müßigen nachäffte und verbreitete. Sie verhalte sich nicht aus einer tatsächlichen Notwendigkeit so – etwa, um ihren Gönnern zu schmeicheln –, sondern weil sie einer aristokratischen Nostalgie und der romantischen Verklärung der Vergangenheit nachhinge. Vom doch völlig ineffizienten Handwerk so begeistert zu sein, sei da nur ein Symptom ihrer allgemeinen kulturellen Rückständigkeit. Auch halte diese Klasse Innovation und Effizienz für eine Art von schlechtem Benehmen. Kurz, die Spuren des feudalen Europas seien in Amerika noch gut zu erkennen.

Aus Veblens Sicht waren die Nachfahren der normannischen Banditen, die Tom Paine beschrieb, noch im ganzen Land verbreitet. Die räuberischen Instinkte der Reichen hätten nicht nachgelassen, sodass diese modernen Aristokraten zusätzlich zu ihrer Verachtung ehrlicher Arbeit auch aufs äußerste wettbewerbsorientiert seien. Wenn sie »Industriekapitäne« wurden, sabotierten sie diese Industrie mit den archaischen Mitteln der Heldentat und des Wettkampfes, wo doch Kooperation und Arbeitsethos die wirklichen ökonomischen Notwendigkeiten einer fortgeschrittenen Industrieordnung seien. »Archaisches Denken und Verschwenden« seien die Überbleibsel aristokratischer Tugend und Amerika könne sie sich nicht leisten.[45]

Es ist nicht immer leicht nachzuvollziehen, warum Veblen so zornig war. Wenn die müßigen Klassen bloße Reste einer früheren Zivilisationsstufe waren, dann musste die Geschichte sie schließlich fortfegen und sehr oft scheint er auch genau das zu suggerieren. Wenn sie den Fortschritt aufhielten, dann waren sie ohne Frage ein wirkliches Hindernis, aber eines, das durch Sozialpolitik zu überwinden wäre. Veblen schien aber ein solches Ergebnis für nicht wahrscheinlich zu halten, was es ja in der Tat auch nicht war. Schließlich, und das scheint am plausibelsten zu sein, war seine Stimme eine des einfachen moralischen Protests angesichts der Tatsache, dass in einem republikanischen, hart arbeitenden und werktätigen Amerika noch immer so viel aristokratische Verachtung für produktive Arbeit herrschte.[46]

So unerhört diese primitiven Überbleibsel auch gewesen sein mögen, war es doch nicht länger möglich zu meinen, dass allgemeine Produktivität an sich ein kollektives Gut darstelle, weil sie jedermanns Lebensstandard erhöhen würde.

Auch war es psychologisch nicht offensichtlich, dass der Geist der Werktätigkeit entweder so weit verbreitet oder in dem Maße mächtig war, wie Veblen glaubte, oder dass er all die günstigen öffentlichen Folgen zeitigen sollte, die er ihm zuschrieb. Bloße Arbeit impliziert noch kein besonderes Ethos. Die progressiven Reformer predigten weiterhin die Würde der Arbeit, aber aus plausibleren Motiven. Sie meinten, dass die USA autonome, ausgebildete und allgemein respektierte Arbeiter benötige, um auf einem Weltmarkt wettbewerbsfähig zu bleiben. Und wie Locke vor ihnen dachte sie, dass der Mittelschicht in der Schule handwerkliche Fähigkeiten und Kochkünste beizubringen dazu beitragen werde, in einem zunehmend klassendifferenzierten Amerika das für diese Wettbewerbsfähigkeit notwendige Ethos zu schaffen. Darum ging es Veblen aber nicht. Sofern er überhaupt ein Argument vorbrachte, lautete es, dass die Müßigen die Zeichen der Zeit übersehen hätten. Das vielleicht Interessanteste an seinem berühmten Buch ist die ganz akute Angst, die Müßiggang in seinem Autor hervorrief. Selbst heutige Fürsprecher der *workfare* – an Arbeitsleistungen gebundene und mit Auflagen belegte Sozialhilfe – haben dieses Unbehagen nicht intensiver ausdrücken können. Allein die Gruppierungen, die diese Ängste und Animositäten auslösen, haben sich verändert.

Die meisten Arbeitshistoriker haben die Einstellungen gegenüber der Industriearbeit bestätigt, die mit ihrem Dominantwerden in den Vereinigten Staaten herrschten: Arbeitern missfiel ihre Arbeit und sie verrichteten sie nur um ihr Einkommen willen. Die Unzufriedenheit derer, die nur einer Arbeit nachgehen, um konsumieren zu können, ist kein neues Phänomen; es ist das dauerhafte Merkmal industrieller Lohnarbeit. Es sollte aber Kenner der amerikanischen Kultur nicht überraschen, dass die Arbeitsethik solche widerstreitenden Impulse völlig unbeschadet überstanden hat. Die Furcht vor Arbeitslosigkeit hat lediglich die Einsicht bestärkt, dass einem Bürger seine soziale Stellung nur durch Verdienst zukommt. Die Ängste, die ihren Ursprung in der Erfahrung der Sklaverei hatten, wurden – zusammen mit Rassismus und der Verachtung von Müßigkeit – durch die Furcht verstärkt, den Arbeitsplatz zu verlieren. Das Ergebnis ist vielleicht keine kohärente, aber sicherlich eine nachvollziehbare Ideologie. Nicht zu arbeiten heißt nicht zu verdienen, und ohne Verdienst ist man ein ›Niemand‹.

Diese geschichtlichen Überlagerungen haben also einen bunt gemischten Satz von Überzeugungen hervorgebracht. Der Glaube, dass es eine Pflicht ist, Geld zu verdienen, dass man durch eigene Anstrengung fortkommen kann und dass denjenigen Chancen offenstehen, die sich um sie bemühen, hält sich unmittelbar neben dem Wissen, dass Arbeitslosigkeit für gewöhnlich nicht die Schuld des Arbeiters ist, sondern der Wirtschaft als ganzer. Die Zufriedenheit im Beruf ist niedrig, aber niemand will ohne Arbeit sein und selbst die auf Sozialhilfe angewiesenen Armen sagen, dass sie die Arbeit dem Nichtstun vorziehen. Wo es müßige Reiche gibt, stellen sie ihre verschwenderischen Leben nicht übermäßig zur Schau, und wenn doch, dann werden sie von den anderen Reichen nicht bewundert. Sport mag eine so atavistische Tätigkeit sein, wie Veblen meinte, aber seine Freuden sind nicht klassenspezifisch.

Sowohl die Würde der Arbeit als auch die öffentliche Pflicht zu arbeiten werden fast universell gepredigt. Siebenundfünfzig Prozent der Amerikaner denken, dass mit einem etwas nicht ganz stimmt, wenn man nicht arbeiten will. Ein guter Bürger ist ein Verdiener, weil Unabhängigkeit die zwingend notwendige Eigenschaft echter, demokratischer Staatsbürgerschaft ist. Aber zugleich machen nur wenige entweder die Armen oder das System für Armut und Arbeitslosigkeit verantwortlich. Beides sind schlicht unveränderliche Tatsachen, wie das Wetter. Zeigt dieser Mischmasch aus sozialen Werten und den Realitäten einer Industriegesellschaft lediglich, dass Amerikaner einer gewaltigen Verwirrung aufsitzen, wenn es um ihre Haltung zum

Verdienen geht?[47] Das mag der Fall sein. Aber es dürfte aufschlussreicher sein zu fragen, ob diese augenscheinlich inkohärenten Ansichten nicht wirkliche gesellschaftliche Erfahrungen widerspiegeln. Es ist ohne Frage möglich, dass Menschen, die ungern arbeiten, die Arbeitslosigkeit für noch schlimmer erachten würden, und das nicht nur wegen des niedrigen Einkommens. Die Arbeitslosen mögen das Gefühl haben, ohne eigene Schuld entehrt und zu weniger als Bürgern gemacht worden zu sein. Man kann den Chef für einen Sklaventreiber halten, sich aber ohne einen Job noch viel mehr wie ein Sklave fühlen. Und in diesen Erfahrungen steckt keine Verblendung. Man ist aus der bürgerlichen Gesellschaft ausgestoßen und Bürger zweiter Klasse – ein Zustand, der für weiße Arbeiter umso schmerzhafter ist, als er mit dem normalen Los Schwarzer assoziiert wird. Für diese wiederum bedeutet es eine doppelte Ungerechtigkeit.

Diejenigen, denen beide Sichtweisen völlig einleuchtend erscheinen, sind Arbeitslose, Menschen, die ihren Job verloren haben und nun auf Arbeitssuche sind. Arbeitslosigkeit ist selbst ein sehr komplexes Phänomen, das sowohl Freiheit wie auch Abhängigkeit impliziert. Ein Sklave kann nicht arbeitslos oder entlassen werden, auch wenn er ineffizient eingesetzt werden kann. Der freie Arbeiter, der seine Arbeitskraft, aber

nicht sich selbst verkauft, ist dennoch auf Andere
für seine Arbeit angewiesen.[48] Ein demokratischer Bürger aber soll idealerweise völlig sein
eigener Herr sein. Aus diesem Grund hat man
das System der Lohnarbeit und die damit einher-
gehenden Abhängigkeiten vom Arbeitgeber seit
dem neunzehnten Jahrhundert stets mit Miss-
trauen und Furcht als eine Bedrohung der republikanischen Staatsbürgerschaft betrachtet. Nicht
nur muss der Lohnempfänger sich auf andere für
die Bezahlung seiner Arbeit verlassen, er kann
auch zu jedem Zeitpunkt entlassen werden und
sieht sich dann jenem Verlust gesellschaftlicher
Stellung gegenüber, den Arbeitslosigkeit mit sich
bringt. Und dieser Verlust der eigenen gesellschaftlichen Position wird selbst wiederum als
Verlust an Kompetenz wahrgenommen, was sich
unweigerlich noch dadurch verstärkt, dass der
Arbeitslose auf die Hilfe anderer angewiesen ist.
Selbst die Suche nach einem neuen Job beinhaltet
solche Erfahrungen. Aus den besten jener während der Großen Depression angestellten Studien
über Arbeitslose erfahren wir daher, dass man
den Verlust an Unabhängigkeit sehr schmerz-
haft spürte. Man könnte einwenden, dass ohne
Arbeit zu sein kaum der Sklaverei ähnelt, deren
Opfer nur allzu hart arbeiteten. Der Kernpunkt
ist aber nicht Arbeit als solche, sondern der Verdienst und die Unabhängigkeit, die er verleiht.
Der Sklave wird nicht deshalb erniedrigt, weil

er arbeiten muss – das müssen alle – sondern, weil er statt entlohnt zu werden schlicht gehalten wird.

Wenige der Arbeitslosen während der Großen Depression behaupteten, dass sie ihre Jobs gemocht hätten. Sie vermissten die Lohntüte und die Kameradschaft ihrer Arbeitskollegen, nicht ihre Chefs und Vorarbeiter. Trotzdem wussten sie, dass einen anständigen Job zu haben, ein Produzent und ein guter Ernährer zu sein, das einzige Fundament ihrer gesellschaftlichen Stellung ausmachte, und ohne Frage verstanden sie, was der Verlust all dessen bedeutete. Sie hassten die Arbeitslosigkeit. »Was ist das Leben ohne Job? Du bist ein Niemand.« Als die Depression begann, war dieses Gefühl besonders erniedrigend, weil die Öffentlichkeit erst 1933 zu verstehen begann, dass Arbeitslosigkeit eine nationale Katastrophe war und nicht die Schuld des Einzelnen.[49] Trotzdem verlor der Arbeitslose in vielen Fällen den Respekt seiner Familie und seiner Umgebung. Private oder staatliche Unterstützung anzunehmen, war demütigend, und viele versuchten, sich durch den Verweis auf ihren Status als Veteranen zu rechtfertigen oder dadurch, Steuern gezahlt zu haben und in besseren Zeiten selbst wohltätig gewesen zu sein. Die große Mehrheit zog die Arbeitsbeschaffungsmaßnahmen staatlicher Stellen dem vor, was man als Almosen betrachtete.[50]

Diese Haltungen sind auch heute noch verbreitet, besonders unter den erfolgreichsten Kin-
dern dieser notleidenden Arbeiter.[51] Es ist gut
möglich, dass es die schiere Furcht vor Arbeitslosigkeit ist, und nicht einfach eine bestimmte
Meinung zur Arbeit an sich, die die Arbeitsethik und das Ideal des verdienenden Bürgers
aufrechterhält. Was in einer unpersönlichen
Wirtschaft die Arbeitsethik am Leben erhält,
ist ohne Frage nicht Veblens Vorstellung von
»Werkinstinkt« und Wertarbeit und hat auch
nichts mit einer irgendwie spürbaren Zufriedenheit mit Arbeit als solcher zu tun. Im heutigen
Amerika findet sich die jacksonianische Ideologie nicht in der Idee der Rechte des zusätzlich
zu seinem Lohn für ein ehrliches Tagwerk auch
Respekt einfordernden Arbeitnehmers, sondern
eher bei den Arbeitslosen. Sie wollen arbeiten,
um ihrer Staatsbürgerschaft nicht weniger als
um ihrer Bezahlung willen. Wer möchte schon
ein ›Niemand‹ sein?

Arbeitslose fühlen sich heute nicht mehr so
schuldig wie noch während der Großen Depression, aber Unabhängigkeit hat in ihren Augen
nichts an ihrem Wert verloren. Sie ziehen die
staatliche Arbeitslosenunterstützung deshalb
privater oder familiärer Hilfe vor, gerade, weil
sie unpersönlich ist und ein Recht darstellt, und
als solche ist sie mit keinen versteckten Bedingungen verbunden. Trotzdem ist vieles gleich

geblieben. Arbeitslose Amerikaner haben ihren Glauben an den Amerikanischen Traum nicht verloren und ziehen aus ihren persönlichen wirtschaftlichen Sorgen keine praktischen politischen Konsequenzen. Wovor sie sich fürchten, ist, von staatlicher Wohlfahrt abhängig zu werden, dem neuen Gegenstand jacksonianischer Ängste.[52] Der ideologische Konflikt hat sich allerdings von einem Kampf zwischen Arbeitern und Aristokraten hin zu einer Auseinandersetzung zwischen ideologisch gespaltenen Regierungsparteien verlagert. Die eine Seite wirft ihren Gegnern vor, eine paternalistische Elite zu sein, die Armut abschaffen will, indem sie die Armen völlig lähmt. Die andere Seite beschuldigt die erste Gruppe, einen harschen Erfolgspopulismus zu predigen, die Opfer ungerechterweise für ihre Situation verantwortlich zu machen und unter Missachtung der wirklichen Umstände und Nöte einfach jeden für ein winziges Gehalt und ohne guten Grund arbeiten lassen zu wollen. Was wirklich überrascht, ist der Grad an Einigkeit zwischen den Kritikern und den Verteidigern staatlicher Wohlfahrt: Beide Seiten setzten ihre Hoffnung darein, unabhängig zu sein und den Sozialhilfe- gegen einen Gehaltsscheck einzutauschen. Alle wollen aus der ›Unterklasse‹ gute Staatsbürger machen, indem sie sie in Lohn und Brot setzen, auf dass aus ihnen verdienende Mitglieder der Gesellschaft werden.[53]

Mehr als sie es zugeben würden, sind beide Seiten noch immer in das Netz jacksonianischer Ideen verwickelt. Die Verteidiger der hilflosen Armen wollen sie gegen eine Armee räuberischer Aristokraten verteidigen, die ihnen ihre Rechte und ihre Subsistenz verweigern. Die Armen seien gesellschaftliche Opfer, denen rassistische Ungerechtigkeit im Wege stehe und denen vernünftige Chancen auf einen Arbeits- und Ausbildungsplatz und der Zugang zu normalen öffentlichen Gütern verwehrt würden. Täte man mehr für sie, dann würden aus ihnen auch aufrechte Arbeitnehmer werden. Die gegnerische Partei der individuellen Anstrengung, wie Frederick Douglass, verlangt von der Regierung nur, das Fairplay für alle zu sichern. Jeder, der wirklich arbeiten wolle, sagen sie, könne auch eine Anstellung finden, und mit ihr kämen dann gesellschaftliche Stellung und Selbstachtung. Beide Parteien glauben zutiefst an Selbstdisziplin, Unabhängigkeit, an Arbeit als Primärquelle allen Werts und aller Würde und an das Ideal einer Gesellschaft sich selbst versorgender demokratischer Bürger. Beide Seiten halten die je andere für eine Bedrohung der Demokratie und der Werte der Arbeit und Unabhängigkeit, die sie doch zutiefst teilen.

Diese Überbleibsel der jacksonianischen Vergangenheit haben einen offensichtlichen Einfluss auf die Haltungen der Sozialfürsorge gegenüber.

Die Sozialhilfeempfänger, denen gesagt wird, dass sie jeden ihnen zur Verfügung stehenden Job annehmen müssen, sehen sich vom Gespenst der Sklaverei und Vertragsknechtschaft heimgesucht, das aus einer noch nicht sehr weit zurückliegenden Vergangenheit wiederkehrt. Und die Beständigkeit des Rassismus macht diese Furcht sehr plausibel. In den Augen derer, die für *workfare* eintreten und Transferleistungen an eine Arbeitspflicht und andere Zwangsmaßnahmen koppeln wollen, sind die unbeschäftigten Armen nicht länger Staatsbürger. Sie haben ihren Anspruch auf bürgerliche Gleichheit verwirkt und sind auf dem besten Weg, sich wie arbeitslose Sklaven zu benehmen, wie nur ausgehaltene Konsumenten, die nichts produzieren. Keine der beiden Seiten behauptet, dass die zu leistende Arbeit gesellschaftlich nützlich oder persönlich befriedigend oder gutbezahlt zu sein verspricht. *Workfare* hat mit ökonomischen Argumenten nichts zu tun. Es geht dabei um Staatsbürgerschaft und darum, ob körperlich gesunde Erwachsene ohne aktiven Verdienst als Vollbürger betrachtet werden können. Wenn dem nicht so ist, warum sollten sie dann nicht, wie es heute so oft der Fall ist, mit jener Mischung aus Paternalismus und Verachtung behandelt werden, die stets für die abhängigen Klassen reserviert war? Sie wären so gesehen schließlich keine Mitglieder der bürgerlichen Gesellschaft und werden auch nicht als solche angesehen.[54] Anders als die Arbeitslosen versuchen die Abhängigen nicht, ihre Stellung wiederzuerlangen, denn für gewöhnlich besaßen sie keine, die sie hätten verlieren können.[55] *Workfare* soll sie schlicht dazu zwingen, den bestehenden Normen bürgerlichen Verhaltens zu entsprechen.

Auf vielerlei Weise ist Verdienen wie Wählen. Fast die Hälfte der wahlberechtigten Bevölkerung wählt nicht, auch wenn sie den Entzug ihres Wahlrechts sicher verabscheuen würde. Mit Ausnahme jener glücklichen Wenigen, die eine Berufung zu ihrem Beruf gemacht haben oder wenigsten einen Sinn für den Wert ihrer Arbeit empfinden, arbeiten Amerikaner nur, um ihr Gehalt ausgeben zu können. Es ist ganz offensichtlich lächerlich, so von Arbeit zu reden als wäre sie eine undifferenzierte Tätigkeit.[56] Sobald sie aber zu verdienen aufhören, ganz gleich, welche Arbeit sie verrichten, verlieren Amerikaner ihre Stellung in ihrem sozialen Umfeld. Das ist irrational und unfair, aber es ist eine grundsätzliche Tatsache des Lebens, die auf fortdauernden und tief verwurzelten gesellschaftlichen Überzeugungen beruht. Es handelt sich hierbei sicher nicht um die bestmöglichen öffentlichen Werte. Auch behaupte ich nicht, dass es diese Werte, nur *weil* sie geteilt werden, irgendwie besser machte oder ihnen eine besondere moralische Geltung verliehe.[57] Vor allem will ich nicht sagen, dass wir davon Abstand nehmen sollten, diese Geisteshaltungen zu kritisieren, einfach, weil sie so alt und tief verwurzelt sind – nichts könnte absurder sein als die Unterstellung, dass die Kritiker geteilter und althergebrachter Ideologien ihren Mitbürgern Verachtung entgegenbrächten und Arroganz an den Tag legten, wenn sie diese Ideologien anzweifeln. Die unerfüllten Versprechen traditioneller Ideologien offenzulegen ist sicher nicht die einzige bedeutsame Form von Gesellschaftskritik, noch ist sie immer die angemessenste. Ich habe mich ihrer hier nur deshalb bedient, weil ich meine, dass es wichtig ist, sich nicht nur das Alter, die andauernde Vorherrschaft und Relevanz des jacksonianischen Glaubens in Erinnerung zu rufen, sondern auch die Tatsache, dass sie die Annahme eines Rechts auf Arbeit als Element amerikanischer Staatsbürgerschaft impliziert; und das sollte man anerkennen.

Mit jenem Recht auf Arbeit will ich natürlich nicht die Art gewerkschaftsfeindlicher Gesetzgebung unterstützen, die Streiks verbieten will,[58] sondern vielmehr ein umfassendes Bekenntnis dazu, allen, die sie brauchen oder einfordern, Arbeitschancen zum Verdienst des eigenen Lebensunterhalts bereitzustellen. Das mag kein Recht mit Verfassungsrang sein oder eines, das von Gerichten durchgesetzt werden soll, aber es sollte doch eine Annahme sein, die unsere politischen Entscheidungen leitet. Statt es nur als ein Interesse unter anderen zu betrachten, sollte es jene Vorrangstellung genießen, die ein Recht in jedem Konflikt zwischen politischen Prioritäten beanspruchen kann.[59] In einem Gemeinwesen, das aus ihre Interessen geltend machenden und ihre Rechte einfordernden Einzelnen besteht, können nur jene als Vollbürger gelten, die für sich selbst handeln und in der bürgerlichen und politischen Gesellschaft für kompetent befunden werden. Fehlen ihnen die Kennzeichen der Staatsbürgerschaft, so fallen sie in eine geächtete Kategorie. All diese Überlegungen im Sinn gibt es gute Gründe zu behaupten, dass es in Amerika ein Recht auf bezahlte Arbeit gibt.

Die Argumente gegen ein solches Recht auf Arbeit sind nicht unbedeutend. Man sagt, ein derartiges selbstverständliches moralisches Recht gebe es nicht und es sei keines, das man rechtlich einfordern könnte. Überdies sei Selbstachtung zu vage und zu subjektiv, um den Grund für eine öffentliche Politik abzugeben.[60] Statt über Rechte solle man lieber über allgemeine politische Strategien nachdenken, die Arbeitslosigkeit beseitigen und den Lebensstandard der Armen erhöhen. Man kann aber die meisten dieser Argumente zugestehen und noch immer für ein amerikanisches Recht auf Arbeit plädieren. Es wäre ein Recht, das aus den Bedin-

gungen einer bestimmten lokalen Staatsbürgerschaft abgeleitet wird, kein primäres Menschen-
recht. So, wie man in der angloamerikanischen
Rechtspraxis das Geschworenenverfahren aus
dem primären Recht auf einen fairen Prozess
ableitet, so ist auch das Verdienen in einer als
gleich verstandenen amerikanischen Staatsbürgerschaft impliziert.[61] Als solches muss es
von jener staatlichen Unterstützung vollkommen getrennt werden, die irreführend als Wohlfahrt bezeichnet wird und auf Bedürftigkeit
beruht, wie auch immer man diese errechnen
zu können glaubt. Unterstützung sollte idealerweise als eine Grundleistung betrachtet werden,
die jedem zu jedem Zeitpunkt zusteht, Arbeitslosen und Erwerbstätigen gleichermaßen. Wir
sollten lernen, sie in denselben Begriffen zu
betrachten wie öffentliche Straßen und sanitäre
Einrichtungen, auch wenn wir das wahrscheinlich nie tun werden.

Das Recht auf Verdienst sollte nicht von
persönlichen Reaktionen abhängen, wie dem
Verlust von Selbstachtung unter Arbeitslosen,
sondern vom Verlust öffentlicher Achtung und
gesellschaftlicher Stellung und der Degradie-
rung zu Bürgern zweiter Klasse, wozu das öffentliche Ethos sie traditionell und noch immer ganz
offen verdammt. Was hier auf dem Spiel steht,
ist kein Recht auf Selbstachtung, sondern das
Recht, nicht seiner Stellung als Bürger beraubt

zu werden. Und die minimale politische Verpflichtung muss darin bestehen, dass man bezahlte Arbeit in geografischer Nähe zu den Arbeitslosen schafft und ihnen einen rechtlich festgelegten Mindestlohn sowie die Möglichkeit des Fortkommens zur Verfügung stellt.[62] Wie jedes Recht kann auch das Recht auf Verdienst verwirkt werden, aber das macht es nicht wertlos. Und selbst wenn dieses Recht nicht vollkommen praktisch durchgesetzt werden kann, so kann doch das Bewusstsein dieses Anspruchs politische Effekte zeitigen.

Mit diesen Überlegungen schließt mein kurzer Abriss der amerikanischen demokratischen Staatsbürgerschaft als Stellung. Er sollte keine vollständige Darstellung all dessen sein, was Staatsbürgerschaft ist oder sein kann, sondern nur der Versuch, Licht auf zwei ihrer elementarsten und wesentlichsten Bestandteile zu werfen: das Verdienen und das Wählen, wie sie sich aus den Spannungen ererbter Ungleichheit, vor allem den Überresten schwarzer Besitzsklaverei, in einer Gesellschaft entwickelt haben, die der politischen Gleichheit und den Prinzipien der Inklusion verpflichtet ist.

Danksagung

Diese kurzen Essays nahmen ihren Anfang als Tanner Lectures, die ich im Mai 1989 an der University of Utah hielt. Ich muss allen, denen ich dort begegnet bin, für ihre Gastfreundschaft, die lebhafte Diskussionsbereitschaft und das Interesse an dem, was ich zu sagen hatte, danken. Es war eine ganz und gar belebende Erfahrung.

Wie immer bin ich mit den Freunden gesegnet, die ich habe, und als Autorin gibt es für mich nichts Angenehmeres, als ihnen für ihre Hilfe und Ermutigung danken zu können. Benjamin Barber, Amy Gutmann, Stanley Hoffmann, Patrick Riley, Nancy Rosenblum, Michael Sandel und Sidney Verba haben alle die eine oder andere Version dieser Essays gelesen und mir wertvolle Hinweise gegeben, von denen ich die meisten übernahm. George Kateb und Rogers Smith taten mehr; sie lehrten mich, meine Meinung zu manchen der hier diskutieren Fragen zu ändern. Ich bin jedem von ihnen dankbar und hoffe, dass ich für sie auch einmal genauso viel werde tun können.

Schließlich gibt es noch eine freimütige und fröhliche Verpflichtung, die auf einer tiefen Meinungsverschiedenheit beruht. Dieses Buch ist Michael Walzer gewidmet. Seit Jahrzehnten haben wir miteinander über jedes Thema diskutiert, das für einen von uns intellektuell von Bedeutung war, ohne auch nur den leisesten Wunsch, die Meinung des anderen zu ändern – auch nicht die Meinung zur Staatsbürgerschaft. Vielleicht sind wir nicht einmal über den Wert unserer Auseinandersetzungen einig, aber als unverbesserliche Liberale schätze ich sie so, wie ich ihm als Freund zugetan bin.

Anmerkungen

Einleitung

1 [»The blessings of liberty«, aus der Präambel der amerikanischen Verfassung. – Anm. d. Ü.]

2 [Die in der Soziologie eingeführte Übersetzung von *standing* lautet ›Stellung‹. Dabei sollte man aber die Bedeutungsdimension gesellschaftlicher Anerkennung im Hinterkopf behalten: *Standing* könnte man auch als ›Ansehen‹ übertragen. – Anm. d. Ü.]

3 Richard P. Coleman, Lee Rainwater, *Social Standing in America*, New York 1978.

4 Kirk H. Porter, *A History of Suffrage in the United States*, Chicago 1918, S. 112–134.

5 Aristoteles, *Politik*, III.4, 1276b–1277b, S. 90–92.

6 [Hier und im Folgenden wird *race* nur unzureichend als ›Rasse‹ übersetzt. Der amerikanische Begriff bezeichnet neutraler von außen zugeschriebene Gruppenzugehörigkeiten und macht explizit keine Aussage über die Existenz von Menschenrassen. – Anm. d. Ü.]

7 Ebd. III.3, 1276a–1277b, S. 89 f.

8 Als Beispiel dafür, wie Staatsbürgerschaft angemessen diskutiert werden kann, sei genannt: Dennis F. Thompson, *The Democratic Citizen*,

Cambridge 1970. Dieses Buch ist ein Muster für die Verbindung von politischer Theorie und Politologie.

9 Als Beispiel dafür, wie weit selbst der beste legalistische Republikanismus heute von konkretem Denken entfernt ist, siehe: Cass R. Sunstein, »Beyond the Republican Revival«, in: *Yale Law Journal 97*, Nr. 8 (1988), S. 1539–1590.

10 [Die Verfassung der Vereinigten Staaten wurde im September 1787 vom Verfassungskonvent vollendet und bis 1790 von allen Bundesstaaten ratifiziert. – Anm. d. Ü.]

11 Siehe für eine Darstellung des ungebrochenen Einflusses des *American dream* selbst auf Arbeitslose und Erwerbsarme: Kay Lehman Schlozman, Sidney Verba, *Insult to Injury*, Cambridge, Mass. 1979, S. 103–138, 346–351.

12 Hannah Arendt, »Was ist Autorität«, in: dies., *Zwischen Vergangenheit und Zukunft. Übungen im politischen Denken I*, hg. v. Ursula Ludz, München 1994, S. 159–200.

13 Austin Ranney, »Theory« und »United States of America«, beide in: *Referendums*, hg. v. David Butler, Austin Ranney, Washington, D.C. 1978, S. 23–37, 67–86.

14 Siehe Benjamin Barber, *Starke Demokratie. Über Teilhabe am Politischen*, Berlin 1994, um eine Vorstellung dafür zu gewinnen, wie umwälzend eine partizipative Demokratie sein müsste.

15 [Die *Federalists* und die *Antifederalists* bezeichnen zwei Gruppen meist pseudonymer Autoren, die während der Gründungsphase der Vereinigten Staaten in Essays und Flugschriften über die künftige Verfassung diskutierten. Die von Alexan-

der Hamilton, James Madison und John Jay verfassten *Federalist Papers* errangen dabei argumentativ den Sieg; die Verfassung ist weitgehend von ihren Ideen beeinflusst. Die Antiföderalisten waren vor allem um Übergriffe der Exekutive besorgt, wollten direktere demokratische Mitbestimmung und verstanden sich als Vertreter der agrarischen, selbstversorgenden Bevölkerung. Auch wenn sie unterlagen und heute wenig gelesen werden, waren ihre Argumente in der Diskussion um die Verfassung äußerst einflussreich. – Anm. d. Ü.]

16 [Die sogenannte Dreifünftelklausel, auch Bundesverhältnis (*federal ratio*) genannt, legte im ersten Artikel der Verfassung, zweiter Abschnitt, Absatz drei fest, dass für Zwecke der Besteuerung, Volkszählung und politischen Repräsentation die Sklaven eines Staates zu drei Fünfteln als Bürger gezählt werden sollten. Der Passus wurde durch den vierzehnten und den sechzehnten Zusatzartikel außer Kraft gesetzt. – Anm. d. Ü.]

17 Für ein dringend nötiges Korrektiv dieser Ansicht, siehe Gordon Wood, »The Fundamentalists and the Constitution«, in: *New York Review of Books* 35, Nr. 2 (1988), S. 33–40.

18 Louis Hartz, *The Liberal Tradition in America*, New York 1954 und Samuel P. Huntington, *American Politics. The Promise of Disharmony*, Cambridge, Mass. 1981. Ich habe sehr viel Acht darauf gegeben, ihrer Tendenz, die Diskontinuitäten der amerikanischen Vergangenheit zu glätten, nicht zu folgen und den amerikanischen Liberalismus nicht zu übertonen. Dabei waren vor allem hilfreich: Rogers M. Smith, »The ›American Creed‹

and American Identity. The Limits of Liberal Citizenship in the United States«, in: *Western Political Quarterly* 41, Nr. 2 (1988), S. 225–251 sowie ders., »One United People. Second Class Female Citizenship and the American Quest for Community«, in: *Yale Journal of Law and the Humanities* 1, Nr. 2 (1989), S. 229–293.

19 James H. Kettner, *The Development of American Citizenship, 1608–1870*, Chapel Hill 1978, S. 288.

20 Porter, *A History of Suffrage* (Anm. 4), S. 109–111.

21 [In der Folge des unter Präsident Lyndon B. Johnson verabschiedeten *Voting Rights Act* von 1965 kam es zu einer Reihe von Klagen gegen verschiedene Versuche, das Verbot von Wahldiskriminierung zu umgehen. Mit *Katzenbach v. Morgan* (1966) bestätigte der Oberste Gerichtshof dieses Gesetz, indem er effektiv Tests auf Analphabetismus, die in manchen Staaten den Zugang schwarzer Bürger zu Wahllokalen erschweren sollten, als verfassungswidrig einstufte. Seit 2013 hat der Oberste Gerichtshof den Schutz des *Voting Rights Act* allerdings erheblich geschwächt. In *Shelby County v. Holder* (2013) wurde die Verpflichtung gekippt, dass Staaten Änderungen ihrer Wahlgesetze vorab von der Bundesregierung genehmigen lassen müssen. In *Brnovich v. Democratic National Committee* (2021) wurde der Abschnitt des Gesetzes eingeschränkt, der diskriminierende Wahlgesetze verbietet, selbst wenn keine klare Absicht zur Diskriminierung nachweisbar ist. – Anm. d. Ü.]

22 [Der sechsundzwanzigste Verfassungszusatz senkte das Wahlalter (zumindest auf Bundesebene) von 21 auf 18 Jahre. Zwischen Einbringung und Ratifizierung vergingen nur 100 Tage, was ihn zum am

schnellsten verabschiedeten Verfassungszusatz in der Geschichte der USA machte. – Anm. d. Ü.]

23 In seiner Kolumne für die *New York Times* vom 19. Juni 1970 bekundete James Reston seine Ablehnung und Überraschung angesichts der Interesselosigkeit, die die politisch aktive Jugend für die Senkung des Wahlalters an den Tag legte. In der Tat wurde ihr seinerzeit wenig Aufmerksamkeit geschenkt und auch Rechtsgelehrte hat der Verfassungszusatz nicht sonderlich fasziniert. Ich verlasse mich hierbei auf eine Reihe von Berichten in der *New York Times*, vor allem die Ausgaben vom 24. März und vom 1. Juli 1971.

24 Charles E. Merriam, *American Political Ideas, 1865–1917*, New York 1969, S. 94–96.

25 [Das *Equal Rights Amendment* war ein 1923 erstmals vorgeschlagener Verfassungszusatz, der die rechtliche Gleichstellung von Frauen garantieren sollte. Er verfehlte mehrmals die Ratifizierung durch den Kongress. – Anm. d. Ü.]

26 Jane J. Mansbridge, *Why We Lost the ERA*, Chicago 1986, S. 104.

27 Merriam, *American Political Ideas* (Anm. 24), S. 80 f. [Booker T. Washington (1856–1915) war Pädagoge und Bürgerrechtler, dessen Politik des langsamen Fortschritts ihn in eine Debatte mit dem für wirkliche Gleichstellung argumentierenden W. E. B. Du Bois verwickelte. – Anm. d. Ü.]

28 Marcus Cunliffe, *Chattel Slavery and Wage Slavery*, Athens 1979, S. 1–31.

29 [William Lloyd Garrison (1805–1879) und Wendell Phillips (1811–1884) gehörten zu den prominentesten Abolitionisten, d. h. Gegnern der Sklaverei. – Anm. d. Ü.]

[30] David Montgomery, *Beyond Equality. Labor and the Radical Republicans, 1862–1872*, New York 1967, S. 123 f.

[31] Ebd., S. 251.

I Wählen

[1] Zitiert nach: Kenneth L. Karst, *Belonging to America*, New Haven 1989, S. 94.

[2] Alexander Hamilton, James Madison, John Jay, *Die Federalist Papers. Vollständige Ausgabe*, hg. und übers. v. Barbara Zehnpfennig, München 2007, Nr. 61, S. 367–371, hier S. 368.

[3] Charles E. Merriam, Harold F. Gosnell, *Non-Voting*, Chicago 1924, S. 1 f.

[4] Frances Fox Piven, Richard A. Cloward, *Why Americans Don't Vote*, New York 1989.

[5] Kim Ezra Schienbaum, *Beyond the Electoral Connection*, Philadelphia 1984, S. 10, 126.

[6] Raymond E. Wolfinger, Steven J. Rosenstone, *Who Votes?*, New Haven 1980, S. 7 f.

[7] [Der Begriff *American exceptionalism* bezeichnet die Überzeugung, die USA seien historisch ein positiver Ausnahmefall oder gar ein göttlich auserwähltes Land; unter Shklars eigenen Lehrern vertrat Louis Hartz erstere Position. – Anm. d. Ü.]

[8] Aristoteles, *Politik*, 1.3–13, 1253b–1260a, S. 38–54; 7.1–15, 1323a–1334b, S. 197–223.

[9] Dies vor allem in Hannah Arendt, *Vita activa oder Vom tätigen Leben*, München 2004.

[10] Siehe v. a. Quentin Skinner, *Machiavelli zur Einführung*, Hamburg 2008.

11 Thomas Hobbes, *Vom Bürger*, Hamburg 2017, S. 120–122, 158–160, 163–165.

12 Jean Bodin, *Sechs Bücher über den Staat*, Bd. 1, München 1981, Kap. 6, S. 158 f., 167, 180.

13 [Im Verfahren *Dred Scott v. Sandford* 1857 klagte der aus Missouri nach Illinois geflüchtete Sklave Dred Scott auf seine Freilassung. Obwohl in den Nordstaaten die Sklaverei abgeschafft war, entschied der Oberste Gerichtshof mit sieben zu zwei Stimmen gegen ihn. Der Fall verschärfte die Spannung zwischen den Nord- und Südstaaten, die vier Jahre später zum Amerikanischen Bürgerkrieg führte. – Anm. d. Ü.]

14 James H. Kettner, *The Development of American Citizenship, 1608–1870*, Chapel Hill 1978, S. 316 f.

15 [Jean-Jacques Rousseau, *Vom Gesellschaftsvertrag*, Stuttgart 1986, S. 20, 22. – Anm. d. Ü.]

16 Jean-Jacques Rousseau, *Emile oder über die Erziehung*, Stuttgart 1963, S. 443; ders., *Vom Gesellschaftsvertrag*, S. 16–23 (I.6–8); 33–38 (II.4–5), 58–60 (II.11); 93–95 (III.9), 104–109 (III.14–15); 117–123 (IV.2–3); ders., »Entwurf einer Verfassung von Korsika«, in ders., *Sozialphilosophische und politische Schriften*, hg. v. Eckhart Koch, München 1981, S. 530–532.

17 Bezeichnenderweise wird Rousseaus Argument gegen die Repräsentation in einem Pamphlet von 1787 zustimmend zitiert. Siehe »Essay by a Newport Man«, in: *The Complete Anti-Federalist*, hg. v. Herbert J. Storing, Chicago 1981, S. 250–254.

18 Zit. nach Keith Baker, *Condorcet*, Chicago 1975, S. 208.

19 Zit. nach Chilton Williamson, *American Suffrage from Property to Democracy, 1760–1860*, Prince-

ton 1960, S. 11. [Die deutsche Übersetzung dieser Passage aus William Blackstones *Commentaries* (1765–1769) findet sich in: John Gifford, *William Blackstone's Handbuch des Englischen Rechts. Im Auszuge und mit Hinzufügung der neueren Gesetze und Entscheidungen*, aus dem Englischen v. Hans Friedrich Carl von Colditz. Mit einer Vorrede begleitet v. Dr. Nikolaus Falck, Schleswig 1823, S. 83. – Anm. d. Ü.]

[20] Hamilton, Madison, Jay, *Die Federalist Papers* (Anm. 2), Nr. 35, S. 217–222.

[21] Hobbes, *Vom Bürger* (Anm. 11), S. 152 f.

[22] Bernard Bailyn, *The Ideological Origins of the American Revolution*, Cambridge, Mass. 1967; Edmund S. Morgan, *American Slavery, American Freedom*, New York 1975; Abbot E. Smith, *Colonists in Bondage. White Servitude and Convict Labor in America, 1607–1776*, New York 1971.

[23] Edmund Burke, »Speech on Conciliation with America«, in: *The Writings and Speeches of Edmund Burke*, hg. v. W. M. Elofson, John A. Woods, Band 3, *Party, Parliament, and the American War, 1774–1780*, Oxford 1996, S. 102–169.

[24] Morgan, *American Slavery, American Freedom* (Anm. 22), S. 376.

[25] James Otis, »The Rights of the British Colonies Asserted and Proved« [1764], in: *Tracts of the American Revolution, 1763–1776*, hg. v. Merrill Jensen, Indianapolis 1967, S. 20–40.

[26] Diese gelungene Formulierung verdanke ich George Kateb.

[27] Donald L. Robinson, *Slavery in the Structure of American Politics, 1765–1820*, New York 1971, S. 64–80.

28 [»Virtuelle Repräsentation« bezeichnet die Auffassung, nach der die Mitglieder des Parlaments
alle britischen Untertanen repräsentieren, nicht
nur ihren eigenen Landkreis. Mit diesem Argument sollten die amerikanischen Kolonisten als
repräsentiert gelten, was diese aber ablehnten. –
Anm. d. Ü.]

29 Siehe Daniel Dulany, »Considerations on the Pro-
priety of Imposing Taxes in the British Colonies
for the Purpose of Raising a Revenue, by Act of
Parliament« [1765], in: Jensen, *Tracts* (Anm. 25),
S. 95–107.

30 Steven F. Lawson, *Black Ballots. Voting Rights in
the South, 1944–1969*, New York 1976, S. 286

31 [Monticello, Virginia, war Thomas Jeffersons
Landgut, auf das er sich nach dem Ende seiner
Präsidentschaft zurückzog und von wo aus er
weiterhin auf das politische Geschehen Einfluss
nahm. Andrew Jackson, von 1829 bis 1837 der
siebte Präsident der USA, vertrat eine demokra-
tisch-populistische und antiaristokratische Politik. – Anm. d. Ü.]

32 »The Putney Debates«, in: *Divine Right and Democracy*, hg v. David Wootton, Harmondsworth 1986,
S. 285–317.

33 Williamson, *American Suffrage* (Anm. 19), S. 133.

34 [Der *Reform Act* von 1832 reformierte das britische
Wahlrecht und beseitigte die Überrepräsentation
bestimmter Wahlbezirke. Es folgte 1867 ein zweiter *Reform Act*, der die Zahl der zur Wahl berech-
tigten Männer ausweitete. – Anm. d. Ü.]

35 Wootton (Hg.), *Divine Right and Democracy*
(Anm. 32), S. 286.

36 Merrill D. Peterson (Hg.), *Democracy, Liberty, and*

Property. The State Constitutional Conventions of the 1820's, Indianapolis 1966, S. 61.

37 [Die *Virginia Conventions* bezeichnen eine Reihe von verfassungslegislativen Versammlungen für den Bundesstaat Virginia, die zwischen 1774 und 1902 stattfanden. In der Versammlung von 1829/30 ging es um die Reform der Eigentumsbeschränkungen des Wahlrechts, wobei die sklavenbesitzende Oberklasse des Ostens den ärmeren Bürgern des Westens gegenüberstand. – Anm. d. Ü.]

38 Ebd., S. 383.

39 Ebd., S. 408 f.

40 Ebd., S. 335 f.

41 Ebd., S. 399 f.

42 Ebd., S. 194–196.

43 *The Life and Writings of Frederick Douglass*, Bd. 4, hg. v. Philip S. Foner, New York 1955, S. 167.

44 Ebd., S. 27.

45 Ebd., S. 162 f.

46 Eric Foner, *Reconstruction*, New York 1988, S. 8 f.

47 William Gillette, *The Right to Vote. Politics and the Passage of the Fifteenth Amendment*, Baltimore 1965, S. 40. [Der fünfzehnte Zusatzartikel trat 1870 in Kraft; sein erster Abschnitt lautet: »Das Wahlrecht der Bürger der Vereinigten Staaten darf von den Vereinigten Staaten oder einem Einzelstaat nicht aufgrund der Rassenzugehörigkeit, der Hautfarbe oder des vormaligen Dienstbarkeitsverhältnisses versagt oder beschränkt werden.« – Anm. d. Ü.]

48 [In einer Rede vor dem Kongress am 6. Juni 1941 benannte Franklin D. Roosevelt vier Grundfreiheiten, die für alle Menschen Geltung haben soll-

ten: Freiheit der Rede, Glaubensfreiheit, Freiheit von Not und Freiheit von Furcht. – Anm. d. Ü.]

49 Siehe Rayford W. Logan (Hg.), *What the Negro Wants*, Chapel Hill 1944, v. a. die Essays von Charles H. Wesley und Mary McLeod Bethune. Lawson, *Black Ballots* (Anm. 30), S. 65.

50 Foner (Hg.), *Life and Writings of Frederick Douglass* (Anm. 44), S. 509.

51 Ebd., S. 158.

52 Gillette, *The Right to Vote* (Anm. 48), S. 162; James M. McPherson, *The Struggle for Equality*, Princeton 1964, S. 240.

53 Gillette, *The Right to Vote* (Anm. 48), S. 87 f.

54 Foner, *Reconstruction* (Anm. 47), S. 278 f.

55 [Diese Formulierung fällt in der Begründung zu *Reynolds v. Sims* (1964), in der die Proportionalität von Wahlbezirken und Einwohnerzahl festgelegt wurde. Sie verweist selbst wiederum auf *Yick Wo v. Hopkins* (1886), der ersten verfassungsgerichtlichen Entscheidung, nach der Gesetze, die kein Ansehen von Rasse beinhalten, aber dennoch auf Vorurteilen beruhend angewandt werden, einen Verstoß gegen die Gleichstellungsklausel des vierzehnten Verfassungszusatzes darstellen. – Anm. d. Ü.]

56 Sidney Verba, Norman H. Nie, *Participation in America*, New York 1972, S. 106–114, 341–342.

57 Zitiert nach Lawson, *Black Ballots* (Anm. 30), S. 16 f.

58 Foner (Hg.), *Life and Writings of Frederick Douglass* (Anm. 44), S. 159 f.

59 [Vgl. Anm. 13. – Anm. d. Ü.]

60 Ellen Carol Du Bois, *Feminism and Suffrage*, Ithaca 1978, S. 59.

61 *Minor v. Happersett* (1874).

62 Zitiert in Aileen S. Kraditor, *The Ideas of the Women's Suffrage Movement, 1890–1920*, New York 1971, S. 40 f. [Elizabeth Cady Stanton (1815–1902) war eine wichtige Figur der frühen amerikanischen Frauenrechtsbewegung und Vertraute von Susan B. Anthony (Anm. 65). Sie widersprach dem fünfzehnten Zusatzartikel, weil er das Wahlrecht nur auf Schwarze, aber nicht auf Frauen ausdehnte. – Anm. d. Ü.]

63 Elizabeth Cady Stanton, »Women as Patriots«, in: *Reminiscences*, hg. v. Theodore Stanton, Harriot Stanton Black, New York 1922, S. 193–203.

64 Linda K. Kerber, *Women of the Republic. Intellect and Ideology in Revolutionary America*, Chapel Hill 1980, S. 283–288.

65 Du Bois, *Feminism and Suffrage* (Anm. 61), S. 178. [Susan B. Anthony (1820–1906) war die sicher wichtigste amerikanische Frauenrechtlerin des 19. Jahrhunderts. Sie setzte sich zudem für den Abolitionismus und, anders als Stanton, für den fünfzehnten Zusatzartikel ein. – Anm. d. Ü.]

66 [Die Bewegung des *Social Gospel* (»soziales Evangelium«) bezeichnet protestantische Gruppierungen, die sich für menschenwürdigere Verhältnisse einsetzen; oft versteht die zugrundeliegende Theologie die Verbesserung weltlicher Umstände als Voraussetzung für die Wiederkunft Christi. – Anm. d. Ü.]

67 [»Besteuerung ohne politische Vertretung ist Tyrannei«; dieser Schlachtruf, der im Vorfeld des Unabhängigkeitskrieges gegen Großbritannien Popularität erlangte, wird gemeinhin James Otis zugeschrieben, den Shklar weiter oben diskutiert. – Anm. d. Ü.]

[68] [Die *Great Society* war ein unter Präsident Lyndon B. Johnson in Gang gesetztes sozialpolitisches Reformprogramm, das neben bürgerrechtlichen Verbesserungen auch einen *war on poverty* erklärte. – Anm. d. Ü.]

II Verdienen

[1] G. W. F. Hegel, *Grundlinien der Philosophie des Rechts*, Frankfurt am Main 1986, S. 339–398.

[2] Robert E. Lane, »Government and Self-Esteem«, in: *Political Theory* 10, Nr. 1 (1982), S. 5–31.

[3] [1791 wurde die *First Bank of the United States* gegründet, um die während des Unabhängigkeitskrieges angefallenen Kriegsschulden zu finanzieren. Als die Charta dieser kontroversen, weil nie von der Verfassung vorgesehenen Institution 1816 auslief, wurde als Nachfolger die ›Second Bank‹ etabliert, die ähnlich starken Widerstand vor allem der Republikaner auf sich zog. Andrew Jackson gehörte zu den schärfsten Kritikern der Bank und verhinderte als Präsident 1832 die Verlängerung ihrer Charta. – Anm. d. Ü.]

[4] Robert E. Wiebe, *The Opening of American Society*, New York 1985, S. 264–290.

[5] Michel Chevalier, *Society, Manners, and Politics in the United States* [1839], New York 1966, S. 296–304. Ich werde statt Tocquevilles gefeierten Werkes im Folgenden dieses Buch verwenden, denn Chevalier war in vielerlei Hinsicht der direktere und weniger didaktische Beobachter.

[6] Alexis de Tocqueville, *Über die Demokratie in Amerika*, München 1987, S. 641.

7 Man betrachte nur die den Handwerken gewidme-
ten Abbildungen in der *Encyclopédie* und einige
Gemälde Goyas, um zu erkennen, wie stark in der
Aufklärung der Ehrgeiz war, die Arbeit mit Würde
auszustatten.

8 John Garraty, *Unemployment in History*, New York
1978, S. 38–42.

9 John Locke, *Gedanken über Erziehung*, Hamburg
2020, S. 202–212.

10 Max Weber, *Die protestantische Ethik*, hg. v. Johan-
nes Winckelmann, Gütersloh 1991, S. 44.

11 Esmond Wright, *Franklin of Philadelphia*, Cambridge, Mass. 1986, S. 358.

12 »Father Abraham's Speech«, in: *The Complete Poor
Richard's Almanacks*, Bd. 2, Boston 1970, S. 14.

13 Andrew Jackson, »A Political Testament«, in:
Social Theories of Jacksonian Democracy, hg. v.
Joseph L. Blau, Indianapolis 1954, S. 1–20.

14 [Shklar zitiert hier falsch: Statt des »royal bastard«
findet sich bei Paine nur »French bastard« (fran-
zösischer Bastard), Thomas Paine, *Common Sense*,
Stuttgart 1982, S. 24. – Anm. d. Ü.]

15 Ralph Waldo Emerson, »›The Young American«, in:
Essays and Lectures, New York 1983, S. 213–230.

16 [Andrew Jackson, »The Power of the Moneyed
Interests«, in: *American Culture. An Anthology of
Civilization Texts*, hg. v. Anders Breidlid u. a., Lon-
don 1996, S. 203 f., hier S. 203. – Anm. d. Ü.]

17 [William Legett, »Rich and Poor«, in: ders., *Demo-
cratick Editorials. Essays in Jacksonian Political
Economy*, Indianapolis 1984, S. 246–250, hier
S. 246. – Anm. d. Ü.]

18 Ders., »The Reserved Rights of the People«, in: ebd.,
S. 6 f. [William Leggett (1801–1839) war ein Schrift-

steller und politischer Kommentator, der in seiner journalistischen Arbeit die egalitären Ideale der Jacksonianer verbreitete. –Anm. d. Ü.]

19 Stephen Simpson, »Political Economy and the Workers«, in: *Social Theories of Jacksonian Democracy*, hg. v. Joseph L. Blau, Indianapolis 1954, S. 137–162.

20 Chevalier, *Society, Manners, and Politics* (Anm. 5), S. 205 f., 282–288.

21 Wiebe, *Opening of American Society* (Anm. 4), S. 286.

22 John Ashford, ›Agrarians‹ and ›Aristocrats‹, Cambridge 1987, S. 91 und passim.

23 Herbert G. Gutman, *Work, Culture, and Society in Industrializing America*, New York 1977, S. 51.

24 Ely Moore, »On Labor Unions«, in: Blau (Hg.) *Social Theories* (Anm. 13), S. 289–300.

25 Wiebe, *Opening of American Society* (Anm. 4), S. 165.

26 Stephen Simpson, »Political Economy« (Anm. 19), S. 142–146.

27 Richard Henry Lee, »The Federal Farmer«, in: *The Complete Anti-Federalist*, hg. v. Herbert J. Storing, Bd. 2, Chicago 1981, S. 236; Thomas Jefferson, »Notes on the State of Virginia«, in: *The Portable Thomas Jefferson*, hg. v. Merrill D. Peterson, New York 1975, S. 214 f.

28 Diese Liste und mehr findet sich im besten aller abolitionistischen Traktate: Richard Hildreth, *Despotism in America*, New York 1971, S. 142–168.

29 Joseph Dorfman, *The Economic Mind in American Civilization, 1606–1865*, New York 1946, S. 666 f.

30 Daniel Rodgers, *The Work Ethic in Industrial America, 1850–1920*, Chicago 1978, S. 30 f. und passim.

31 Eric Foner, *Free Soil, Free Labor, Free Men*, New York 1970, S. 11, 15 f., 40–72, 296 und passim.

32 James M. McPherson, *Für die Freiheit sterben. Die Geschichte des amerikanischen Bürgerkrieges*, München 1988, S. 184–187.

33 Abraham Lincoln, »Agriculture. Annual Address before the Wisconsin Agricultural Society, at Milwaukee, Wisconsin. September 30, 1859« sowie »Annual Message to Congress. December 3, 1861«, in: ders., *Speeches and Writings*, hg. v. Roy P. Basler, Cleveland 1946, S. 493–504, 616–635.

34 Eric Foner, *Reconstruction*, New York 1988, S. 102–110.

35 Frederick Douglass, *Ein Stern weist nach Norden. Lebenserinnerungen*, Berlin 1965, S. 301.

36 Frederick Douglass, »Politics an Evil to the Negro?«, in: ders., *Life and Writings of Frederick Douglass*, Bd. 4, hg. v. Philip S. Foner, S. 271–274, hier S. 271 f.

37 Foner, *Reconstruction* (Anm. 34), S. 114 f.

38 W. E. B. Du Bois, *Die Seelen der Schwarzen*, Freiburg 2008, S. 187.

39 John Stuart Mill, Harriet Taylor Mill, Helen Taylor, *Die Hörigkeit der Frau*, Frankfurt am Main 1991, S. 54.

40 Rodgers, *Work Ethic* (Anm. 30), S. 30–93.

41 [Thorstein Veblen (1857–1929) war Ökonom und Soziologe; auf sein enorm einflussreiches *Theory of the Leisure Class* (dt. *Theorie der feinen Leute*) von 1899 kommt Shklar in verschiedenen ihrer Schriften zurück. Charlotte Perkins Gilman (1860–1935) war Schriftstellerin und Feministin, die sich für die ökonomische Gleichstellung von Frauen einsetzte, dabei aber sozialdarwinistisch und rassistisch argumentierte. – Anm. d. Ü.]

42 Charlotte Perkins Gilman, *Women and Economics*, New York 1966, S. 17, 22, 93 f., 117 f., 152, 211, 218, 245–247, 276–279, 333.

43 [Thorstein Veblen, *Theorie der feinen Leute. Eine ökonomische Untersuchung der Institutionen*, Frankfurt am Main 2007, S. 244, 34. – Anm. d. Ü.] David Riesman, *Thorstein Veblen. A Critical Interpretation*, New York 1960, S. 91; Theodor W. Adorno, »Veblens Angriff auf die Kultur«, in: ders., *Prismen. Kulturkritik und Gesellschaft*, Frankfurt am Main 1955, S. 68–91.

44 Rodgers, *Work Ethic* (Anm. 30), S. 94–124.

45 Veblen, *Theorie der feinen Leute* (Anm. 43), S. 25, 34, 84, 99–101, 117, 159 f., 194, 244, 380.

46 Das ist keine vollständige Darstellung der Werke Veblens, sondern betrifft nur sein frühes und berühmtestes Buch. Er entwickelte und veränderte seine Ansichten sein Leben lang, aber sein Ruhm beruht hauptsächlich auf der *Theorie der feinen Leute.*

47 Herbert McClosky, John Zaller, *The American Ethos*, Cambridge, Mass. 1984.

48 Garraty, *Unemployment in History* (Anm. 8), S. 5 f.

49 [1933 war auch das Jahr, in dem Franklin D. Roosevelt als 32. Präsident der USA sein Amt antrat. Im Folgenden wird auf dessen *New Deal* Bezug genommen, ein radikales Reformprogramm, das unter anderem durch eine *Works Progress Administration* genannte Agentur umfassende staatliche Beschäftigungsmaßnahmen für Arbeitslose einleitete, aber auch ausgreifende soziologische Studien zur Arbeitslosigkeit finanzierte. – Anm. d. Ü.]

50 E. W. Bakke, *The Unemployed Worker*, New Haven 1940, S. 39, 84, 87–89, 316–328; Mirra Komarovsky,

The Unemployed Worker and His Family, New York 1940; Kay Lehman Schlozman, Sidney Verba, *Insult to Injury*, Cambridge, Mass. 1979, S. 4–84.

51 Als in den 1970ern die Söhne von Arbeiterfamilien, die Ingenieure und Wissenschaftler waren, ihre Jobs in den Hightech-Industrien Bostons verloren, schämten sie sich oft zu sehr, ihren Freunden und Nachbarn davon zu erzählen, Paula Goldman Leventman, *Professionals out of Work*, New York 1981.

52 Siehe Schlozman, Verba, *Insult to Injury* (Anm. 48).

53 Siehe zum Beispiel diese typischen und ernsthaften Verteidiger der Sozialhilfe: Sheldon Danziger, »Fighting Poverty and Reducing Welfare Dependency«, in: *Welfare Policy for the 1990s*, hg. v. David T. Ellwood, Cambridge, Mass. 1989, S. 41–69 sowie David T. Ellwood, *Poor Support*, New York 1988, S. 3–44.

54 Für die vollständige Darstellung dieser Ansichten siehe Lawrence M. Mead, *Beyond Entitlement*, New York 1986, S. 12 f., 41–45, 211–212, 238.

55 Ihre negativen Erfahrungen am Arbeitsplatz mögen ihre Passivität erklären, jedenfalls nach Leonard Goodman, *Do the Poor Want to Work?*, Washington, D.C. 1972, S. 112–118.

56 Gregory E. Pence, »Towards a Theory of Work«, in: *Philosophical Forum* 10, Nr. 2 (1978/79), S. 306–311.

57 Ich betone diesen Punkt, weil ich dieses Argument nicht mit jenem verwechselt sehen will, das Michael Walzer zugunsten geteilter Werte als allgemeiner ethischer Rechtfertigung sozialer Praktiken vorbringt. Nichts auf diesen Seiten sollte als Zustimmung zu seinem Buch *Sphären der Gerechtigkeit* ausgelegt werden (Michael Walzer, *Sphären*

der Gerechtigkeit. Ein Plädoyer für Pluralität und Gerechtigkeit, Frankfurt am Main 1992). [Siehe hierzu Judith N. Shklar, »Das Werk Michael Walzers«, in: dies., *Verpflichtung, Loyalität, Exil*, hg. v. Hannes Bajohr, Berlin 2019, S. 55–77. – Anm. d. Ü.]

58 [Die euphemistisch als *right-to-work laws* betitelten Gesetze, die auf Bundesebene in verschiedenen Staaten der USA existieren, verbieten Gewerkschaften, Streiks auszurufen, Tarifverhandlungen für Beschäftigte aufzunehmen oder ganze Belegschaften zu vertreten. Das »Recht auf Arbeit« meint in diesem Fall vor allem das Recht, nicht gewerkschaftlich vertreten zu werden. – Anm. d. Ü.]

59 Diese Analogie zu Sozialrechten (*welfare rights*), wie sie T. H. Marshall beschreibt, ist bewusst eng gezogen. Sie sind nicht rechtlich bindend, aber auf der Ebene der Subsistenz, die die Stellung eines Bürgers benötigt, impliziert, vgl. T. H. Marshall, *The Right to Welfare and Other Essays*, New York 1981, S. 11, 83–103.

60 Jon Elster, »Is There (or Should There Be) a Right to Work?«, in: *Democracy and the Welfare State*, hg. v. Amy Gutmann, Princeton 1988, S. 53–78.

61 James W. Nickel, »Is There a Human Right to Employment?«, in: *Philosophical Forum* 10, Nr. 2 (1978/79), S. 149–170.

62 Siehe William Julius Wilson, *The Truly Disadvantaged*, Chicago 1987, S. 159–163.

Erste Ausgabe Berlin 2024
Copyright der deutschen Ausgabe © 2024
MSB Matthes & Seitz Berlin Verlagsgesellschaft mbH
Großbeerenstraße 57A | 10965 Berlin
info@matthes-seitz-berlin.de
Copyright der englischen Originalausgabe
American Citizenship. The Quest for Inclusion
bei Harvard University Press
© 1991 by the President and Fellows of Harvard College

Umschlaggestaltung nach einer Idee
von Pierre Faucheux
Satz: psb, Berlin
Druck: Art-Druk, Szczecin
ISBN 978-3-7518-3022-5

www.matthes-seitz-berlin.de

Judith N. Shklar bei Matthes & Seitz Berlin,
aus dem Amerikanischen übersetzt und
herausgegeben von Hannes Bajohr

Judith N. Shklar
Ganz normale Laster
346 Seiten, gebunden mit Schutzumschlag
ISBN 978-3-88221-389-8

Judith N. Shklar
Der Liberalismus der Furcht
174 Seiten, Klappenbroschur
ISBN 978-3-88221-979-1

Judith N. Shklar
Der Liberalismus der Rechte
203 Seiten, Klappenbroschur
ISBN 978-3-95757-241-7

Judith N. Shklar
Verpflichtung, Loyalität, Exil
88 Seiten, Klappenbroschur
ISBN 978-3-95757-570-8

Judith N. Shklar
Über Hannah Arendt
192 Seiten, Klappenbroschur
ISBN 978-3-95757-797-9

Hannah Arendt bei Matthes & Seitz Berlin

Hannah Arendt
Sokrates. Apologie der Pluralität
107 Seiten, Klappenbroschur
ISBN 978-3-95757-168-7

Hannah Arendt
Freundschaft in finsteren Zeiten
142 Seiten, Klappenbroschur
ISBN 978-3-95757-606-4

Maike Weißpflug
**Hannah Arendt. Die Kunst,
politisch zu denken**
320 Seiten, gebunden mit Schutzumschlag
ISBN 978-3-95757-721-4

Marie Luise Knott
370 Riverside Drive, 730 Riverside Drive
145 Seiten, gebunden mit Schutzumschlag
ISBN 978-3-7518-0344-1

Matthes & Seitz Berlin